日本の豪華列車史

旅を彩る豪華列車たち

日本で初めての本格的なクルーズトレインとして運転を開始した「ななつ星in九州」。あらゆるサービスに粋を凝らし、2013(平成25)年10月15日の運転開始から満席が続いている、現代を代表する豪華列車だ／☆

JR九州が運行するクルーズトレイン「ななつ星in九州」は、7両の客車をディーゼル機関車が引く。1編成あたりの定員は、わずか28名。乗客一人一人に十分な居住空間が提供されている／△

「TWILIGHT EXPRESS 瑞風」（トワイライトエクスプレスみずかぜ）。2017（平成29）年6月17日に運行を開始したＪＲ西日本のクルーズトレイン。10両編成で、編成定員は最大50名。山陽地方、山陰地方などを周遊する／◇

現代を走る

豪華寝台特急の競演

「TRAIN SUITE 四季島（トランスイート しきしま）」。2017（平成29）年5月1日に運行を開始したＪＲ東日本のクルーズトレイン。編成定員は34名。東北地方を中心に運転され、北海道にも足を延ばしている／△

「ななつ星 in 九州」ではラウンジなど車内の随所に「大川組子」と称する木を用いた装飾が用いられている。職人の手作業によって生まれた優しい質感のインテリアが、くつろぎの空間を提供している／△

「ななつ星 in 九州」6号車「スイート」の室内。「スイート」は定員2名。1両に3室のみが設置されている。室内も共用スペースと同様に、和のテイストを活かしたゴージャスな空間が演出されている／△

「TWILIGHT EXPRESS 瑞風」個室内。贅を凝らした内装と、居住空間に十分にゆとりをもたせた設計によって、高級ホテルと同様の雰囲気が醸し出されている。各室にはシャワー、トイレなども完備されている／◇

「TWILIGHT EXPRESS 瑞風」5号車のラウンジカー「サロン・ドゥ・ルゥエスト」。愛称名は「西のサロン」という意味から。フリースペースとして使用され、車内にはソファー、バーカウンターなどを設置／◇

「TWILIGHT EXPRESS 瑞風」6号車に連結されるダイニングカー「ダイナープレヤデス」。コース料理を提供。ドリンクメニューにも地産地消の銘柄が並び、この列車だけの味覚を楽しむことができる／◇

「TRAIN SUITE 四季島」6号車「DINING しきしま」。シャンデリアによる照明、大理石の床を配した贅沢な空間。2人用テーブル9脚を配置。列車が訪れる先の食材を使った料理が提供される／□

「TRAIN SUITE 四季島」7 号車「四季島スイート」の個室内。1 階ベッドルームにはシングルベッド 2 台を線路に平行する形で設置。ぬくもりの感じられるインテリアデザインを採用。ゆったりとした気分で、車内での時間を過ごすことができる／□

「TRAIN SUITE 四季島」5 号車「LOUNGE こもれび」。森の中に伸びる樹々をイメージしてデザインされた室内にテーブル、バーカウンターなどを設置。軽食、喫茶、アルコールなどを楽しむことができる／□

ありし日の勇姿

人気寝台列車紀行

寝台特急「北斗星」。青函トンネルを潜って上野と札幌を結び、全国で豪華列車が運転される引き金となった。多くのファンに愛されたが、2015(平成 27) 年３月に運転が終了した／☆

寝台特急「トワイライトエクスプレス」。「北斗星」の登場翌年に大阪と札幌を結ぶ列車として運転を開始。車内の明るい雰囲気は「北斗星」を凌駕し、存分な存在感を発揮した。やはり 2015(平成 27) 年３月に定期的な運転を終了／◇

寝台特急「カシオペア」。「北斗星」「トワイライトエクスプレス」の上をゆく列車として登場したオールA個室による寝台特急。2016（平成28）年3月に廃止。使用車両のE26系は、今もツアー列車専用として運転されている／△

「カシオペア」12号車のラウンジ。下り寄りの編成端に連結され、ハイデッカー構造を採用。展望を楽しめるフリースペースとし、ソファー、飲み物の自動販売機などが設置された／☆

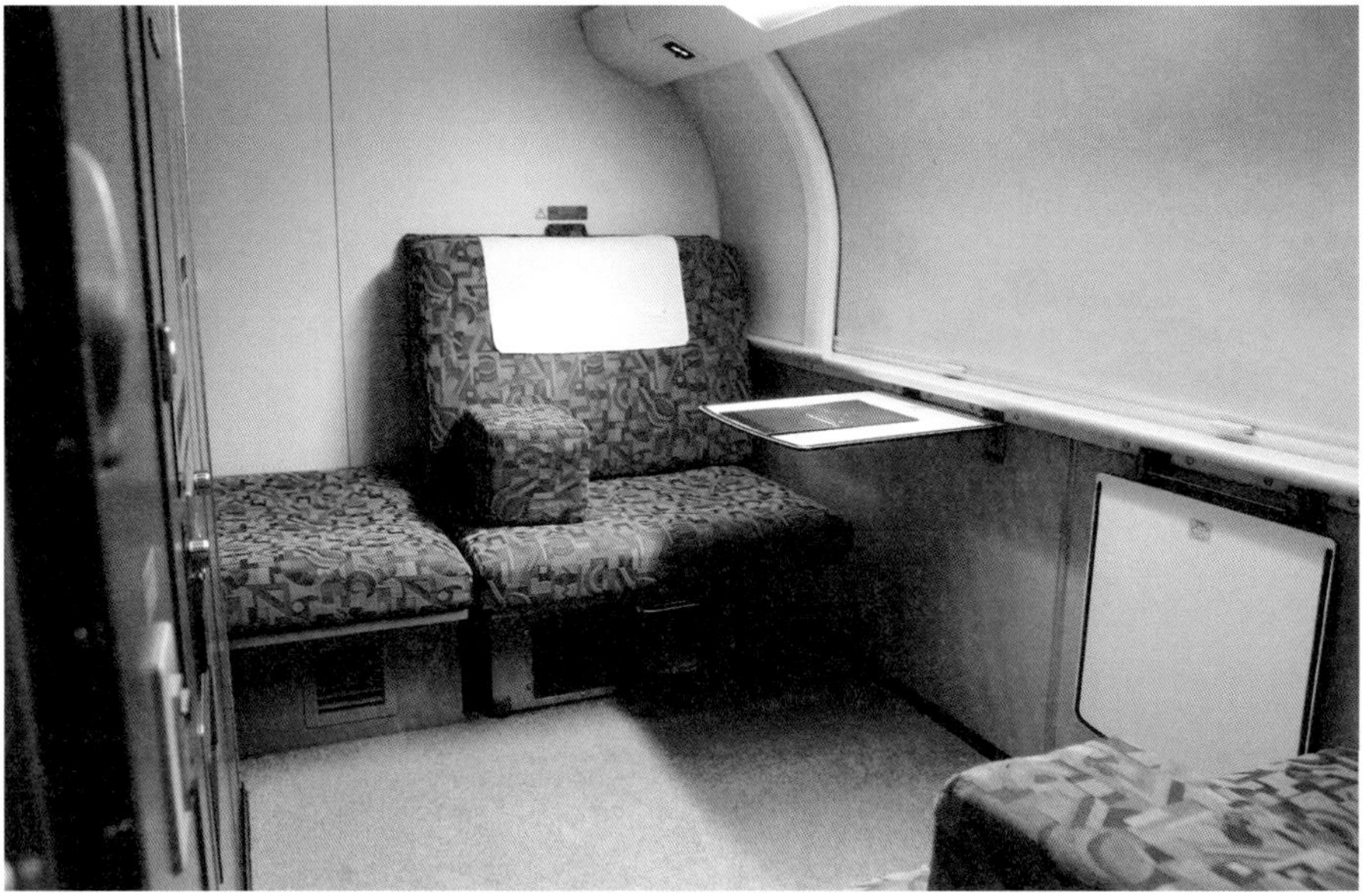

「カシオペア」では全車をＡ個室とし、リビングルームとベッドルームを区別して居住性が確保された。居室スペースにはシャワー、トイレ、ビデオなどが置かれ、くつろぎの空間が創出された／☆

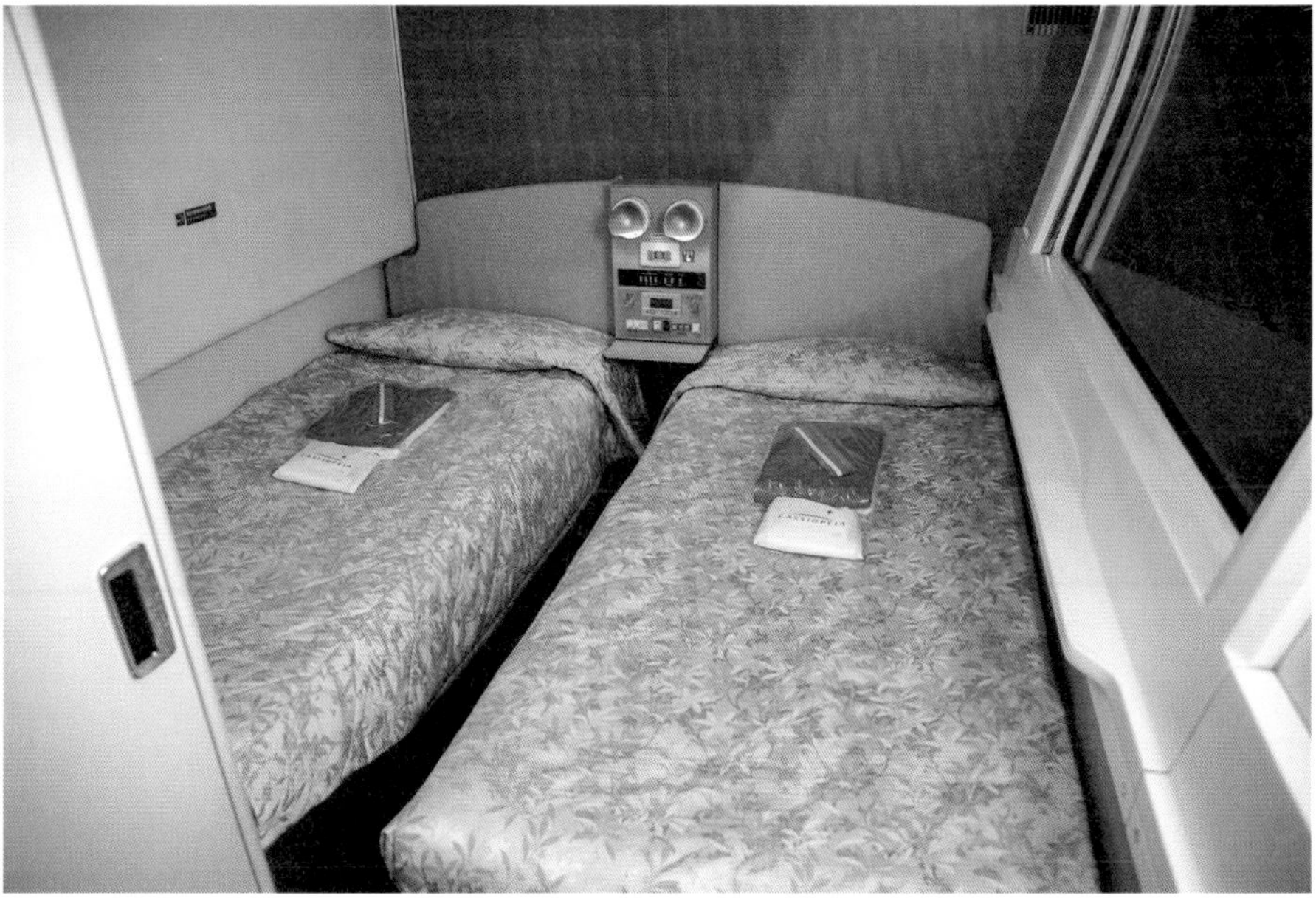

「カシオペア」の１、２号車「カシオペアスイート」には大型のベッドを設置。「かいこ棚」とも形容された、旧来の寝台車のベッドとは別格の居住性が提供されている／☆

「トワイライトエクスプレス」の食堂車「ダイナープレヤデス」。「北斗星」などと同様のコース料理が提供されたほか、コストパフォーマンスに秀でたランチも、知る人ぞ知る逸品となっていた／◇

「トワイライトエクスプレス」の２人用Ａ個室「スイート」。１号車の車端部の部屋は、列車の後方の眺めを独り占めできるとあって、まさに憧れの的となる存在だった／◇

「トワイライトエクスプレス」4号車のサロンカー「サロン・デュ・ノール」。ソファーシートが海側に向けて並べられたフリースペース。列車が発車するとすぐに満席となる人気の車両だった／☆

グルメ列車は花盛り

現代の豪華列車、観光列車に欠かすことができない存在となっているのが、「列車の中で楽しめるその土地の味」だ。列車が訪れる土地の旬の味覚を、車内ゆったりと時間をかけて味わえるのは、鉄道旅行ならでは楽しみで、今は、車内で食事を楽しむことを目的に運転される列車が各地を走り、「グルメ列車」という呼び方でも親しまれている。季節ごと、時間帯ごとにメニューが替えられる列車も多く、画一的な料理の提供にとどまっていないことが大きな魅力。ぜひ一度、現代を走る「グルメ列車」に乗車して、鉄道旅行の魅力を再発見してみよう。

（左中）「おれんじ食堂」車内
（右中）西武鉄道「52席の至福」ワインも各種が用意されている
（左下）肥薩おれんじ鉄道「おれんじ食堂」2両編成のディーゼルカーで運転
（右下）西武鉄道「52席の至福」／☆

おとなの鉄学
005

美しき車両たちのあゆみ

日本の豪華列車史

池口英司

はじめに

東京と神戸を結ぶ東海道本線が全通したのは1889（明治22）年7月1日のことで、全線の直通にはほぼ丸一日が要された。明治末期には特急列車が設定されて、この列車は普通列車とは別格のスピードと、客室設備を有し、より快適な旅が提供されている。もっとも、新幹線のような高速鉄道のない時代には、特急といえども長距離の移動には相応の時間が要されたから、列車内での時間を快適に過ごすための客室設備の充実は、鉄道技術者にとっても、避けて通ることができない重要な課題となったのである。

そして豪華な設備を備えた列車が生まれた。それは主要幹線を走る最優等列車に用いられることが多く、つまり政府要人や、軍人、豪商などの利用者の求めに応ずるということと、鉄道という交通機関の矜持を広く知らしめるという両方の性格を有したものであった。

以後、豪華列車は時代ごとに進歩を遂げ、それぞれの時代の最先端の技術と、サービスのスタイルを備えて登場し、利用者を喜ばせている。その姿にはそれぞれの時代性が反映され、実に興味深い。

そこで本書では、明治以来、今日まで運行が続けられてきた鉄道に登場した豪華列車について、その歩みを振り返り、それぞれの時代の鉄道に求められた役割を考える一助としてみることにした。記述は国によって建設された鉄道を中心に時代を追う形となるが、もちろん、私鉄の列車にも着目し、それぞれの時代の姿を追うことにした。よく知られているように、所帯が小さいことから運営にも何かと小回りが利く私鉄は、技術、サービスの刷新にも敏感で、時代の先端をゆく車両、サービスをいち早く生み出すことが多かった。もちろん、すべての私鉄のすべての列車について記述することはできないが、時代の花形については、路面電車に登場したものなどまで含めて紹介するよう心掛けている。

現代は高速鉄道が全盛の時代である。技術の粋を駆使して作られた列車は、路線によっては航空機にさえ遜色がない速達性を備えるようになったが、その一方で、乗客の車内の滞在時間が短くなったことから、客室設備や旅客サービスの充実という面にはあまり気が配られることがなくなってきていることも事実で、それも時代のニーズといってしまえばそれまでだが、古き良き時代の鉄道の姿を知る者にとっては、一抹の淋しさも感じられる。ここで今一度、それぞれの時代を走った列車たちの姿を振り返ることで、鉄道に賭けた人々の思いを感じ取ることができるはずだ。

なお、明治初頭に国の手によって建設された鉄道は、その後時代を経るごとに管轄する組織が姿を変え、１９４９（昭和24）年6月1日には、公社としての日本国有鉄道が発足している。しかし、この組織も１９８７（昭和62）年3月31日には解体されて、翌4月1日に民営会社としてＪＲが発足した。そこで本書では、日本国有鉄道が発足する以前に国によって一元的に管轄されていた鉄道を国有鉄道、以後の鉄道は国鉄、あるいはＪＲと表記することとした。

目次

第3章　戦前の鉄道、海外の模倣　63

第4章　戦災からの復興期　77

第5章　鉄道の黄金期となった昭和30年代　91

第7章 バブル崩壊から平成、令和へ 169

第1章　模倣に明け暮れた黎明期の日本の鉄道

1872（明治5）年鉄道開業

日本で初めての鉄道が新橋〜横浜間に開業したのは1872（明治5）年9月12日のことで、これは当時の日本で採用されていた太陰暦に準拠したものである。この年の12月3日には太陽暦が施行され、この暦に当てはめると、同日は10月14日となる。今も「鉄道の日」として多くの人に親しまれているのが、この日である。

この時の新橋駅は現在の汐留に設けられ、横浜駅は、現在は桜木町駅に名前を変えている。この区間にはまず1日に9往復の列車が運転され、全区間の所要時間は53分だった。現在の京浜東北線新橋〜桜木町間の所要時間が40分あまりであることを考えれば、このスピードはなかなかのもので、事実、明治の人々にとって、鉄道は驚異的なスピードの乗り物と認識されていた。

明治政府が日本にも鉄道を建設することを決定したのは1869（明治2）年秋のことで、明治天皇の出席を仰いで開かれた会議（朝議）で、東西の両京、すなわち東京と京都を結ぶ幹線と、支線として新橋〜横浜間、京都〜神戸間、そして幹線から分岐して敦賀に達する支線を建設することが決定した。横浜と敦賀が鉄道の目的地に選ばれたのは、それぞれの地に良港があったことによるものだった。それまでの日本では、クーデターの発生を恐れた幕府の施策によって陸上交通の発達が極端に抑えられており、大量の荷物を運ぶことができる輸送機関は船のみとなっていた。明治期の鉄道において、すでに相応の発展を遂げていた海運との連絡は、スムースな運輸の実現に必須と目されていたのである。

加えて、京浜間は地形が平坦であることから、鉄道の建設は比較的容易であり、これは続いて行われることになる東西両京を結ぶ幹線建設の練習ラウンドにできることが想定できた。暴風雨の発生によって、開業日が当初の予定より3日遅れるというハプニングがありはしたものの、日本の鉄道は、太陽暦換算で10月14日の鉄道開業を迎えることができたのだった。

それまで、京浜間を結ぶ交通機関は、馬車、駕篭、蒸気船が主なものであったが、多くの人が徒歩によってこの間を歩き、東京〜横浜間は1日の行程と目されていた。それを鉄道は50分あまりで結んだのだから、

創業時の日本の鉄道は、イギリスから輸入された10両の小型機関車と、やはりイギリスから輸入された木造の客車によって運行が始められた／◎

その速度は驚異的だが、それでは誰もが気軽に利用できたのかというと、そういうわけではなかったようだ。

当時の旅客列車は3等制を採用していて、新橋から横浜まで全線を乗りとおした時の運賃は、下等が37銭5厘、中等（後の2等車、現在のグリーン車に相当する）が75銭、上等（後の1等車）が1円12銭5厘というもので、すなわち、中等は下等の倍、上等は下等の3倍という設定である。ただし、中等車については、開業までの間にすべてが、下等車に改造されたといい、これは輸送力を確保するための手段であったと考えられる。それでも、下等車の料金でさえ、当時の物価と照らし合わせてみると、米が10kgほど買えるものであったから、1日の行程を1時間に縮めてみせたとはいえ、鉄道という乗り物は庶民にとっては高価な、高嶺の花的な存在であったようだ。

利用率が低かった黎明期の中等、上等

それでは、開業時の車両の設備はどのようになっていたのだろう。旅客列車は1列車あたり10両程度の客車が連結され、これを動軸が2軸の小型蒸気機関車がけん引した。動輪が2対の機関車は、当時としても小型の部類に入るものであったが、これは新橋〜横浜間の鉄道が、当初から延長30km足らずの支線に位置付けられていたことによる措置だった。事実、新橋〜横浜間が開業した翌々年の1874（明治7）年5月11日には関西で初めての鉄道として、大阪〜神戸間の鉄道が開業しているが、

ここに投入された機関車は動軸は同じ2軸でも機関車本体の背後に炭水車、すなわち蒸気機関車が動くのに必要な石炭と水を搭載した車両が連結され、これは石炭と水を機関車本体背後のタンクに搭載した京浜間の機関車よりも大柄なものとなった。関西の鉄道の機関車が、当初から大柄であったことは、阪神間に敷設された鉄道が、将来東西に延伸される予定であったことを見据えての措置だった。

日本の鉄道黎明期の車両は、すべてイギリスから輸入された。これは明治政府がイギリスと強く結びついていたことによるもので、もちろん、明治初頭の日本には鉄道に対する知識は皆無であったから、システムそのものもイギリスに倣い、その結果として日本の鉄道は、世界では少数派となっている左側通行を採用し、駅に背の高いホームや、改札口を設けるやり方もイギリス流である。鉄道開業時の陣容は機関車10両、これはイギリスの5つのメーカーが製作を分担した。わざわざ5つのメーカーに分けたのは、それぞれの機関車の使い勝手の違いを検証したいとする使用者側の思惑と、メーカーの負担を小さくし、利益についても分配するという思惑が働いたものといわれている。

一方の客車は、部品を輸入した上で、日本国内で組み立てを行った。車輪などの金属の部品は、輸入品がそのまま使用されたが、木製の部品は日本の職工の手によって、随時改良が加えられている。明治初頭の日本には金属加工の技術はまだ乏しかったものの、こと木工に関しては、長い伝統に培われた技術が備わっていたのである。

この時代の客車は「マッチ箱」と呼ばれる小さなもので、いわゆるサスペンションも貧弱だったから、乗り心地の良いものではなかった。けれども全線を乗りとおしても1時間足らずであり、格段な居住性は求められなかった。それでも中等以上の客車では座席を布張りとするなど、接客設備の充実が図られている。いわば、豪華車両の事始めということにはなるのだが、この時代に登場した中等車、上等車の乗車率は低く、殊にそれは関西で顕著であったといい、多くの車両が下等車に改造されるという一幕もあったようだ。コストパフォーマンスに目の長《た》けた関西の人にとって、上等車は不必要な存在に見えたのかもしれない。こうして日本の鉄道は、悲喜こもごものスタートを切ったのだった。

東海道本線走破に一昼夜を要した時代

明治初頭に政府が建設を決定した東西両京を結ぶ鉄道は、西のターミナルを神戸として、1889（明治22）年7月1日に全通した。当初の予定では、この路線は旧・中山道沿いのルートを採ることが計画され、これは東海道に沿った地域が、すでにある程度発達していたことから、鉄道は中山道沿いを通すことによって、この沿線の発展を促すという狙いによるものだった。しかし、測量が開始されると、碓氷峠越えの区間が難工事となることが予想され、当時の責任者だった井上勝が政府に対して書簡を送り、「明治23年の第1回帝国議会の開会に間に合わせるから、幹線のルートを東海道沿いに変更して欲しい」と願い出て、これが了承されるという一幕も残っている。

新橋〜神戸間は600・2㎞。全線開通時から、新橋〜神戸間を直通する列車が1日1往復運転され、下り列車は所要20時間5分、上り列車は所要20時間10分で全線を走破している。今日の新幹線が東京〜新大阪間を最速2時間22分で結んでいるのと比べれば、まさに隔世の感がありはするものの、それでも鉄道のスピードは驚異的だった。東海道五十三次の時代には、旅人はこれをおよそ２週間かけて歩いていたのである。

それでも、この時代の一昼夜をかけての鉄道の旅も、決して楽なものではなかったろう。客車に空調は備わっておらず、室内照明には石油ランプが用いられており、これでは暗くて読書などはできない（もっともこの時代には多くの家庭の照明も同様だったが）。車両の揺れは相変わらず大きく、座席は硬かった。機関車が吐き出す煙が窓から侵入し、時には「シンダ」と呼ばれる石炭の燃えかすが目に入ることもあって、この時の痛さは尋常なものではなかった。蒸気機関車は長距離の運転ができない（石炭と同様に走るのに必要な水が枯渇し、長時間の運転では走行装置の関節部が発熱する）から、主要駅で列車は機関車交換などのために長時間停車する。その時間を利用して乗客はホームに降りて体を伸ばし、大きな駅には必ず設けられていた洗面台で、煙で汚れた顔を洗うのが常だった。

この時代に長距離列車に使用された客車は、さすがに「マッチ箱」を使うわけにはいかず、車両の両端に２軸の台車を取り付けたボギー構造の車両（すなわち、現代の電車の標準的なスタイルとなっているもの）がイギリスから輸入され、国内で自前での製作も始められていた。乗客が長時間列車内で過ごさなければならないことから、車両にはトイレも取り付けられ、これは仕切りを設けて、車両の中央に設置されることが多かった。トイレは、いわゆる垂れ流しのもので、保線作業のために線路際を歩いている係員は、列車の通過を見送る際には、「シャワー」を浴びることがないよう、注意しなければならなかったという。古い時代の鉄道の情景といったところである。列車トイレの改良が進められるのは、昭和中期以降になってからのことだった。

私鉄によって運転が開始された長距離急行

列車が長距離を走るようになれば、当然、速達化の要求も生まれるようになり、高速列車の歴史が始まることになる。国有鉄道での急行列車の運転開始は思いのほか早く、1882（明治15）年3月16日には新橋～横浜間を走る列車のうち、1日に4往復の列車が途中の停車駅を品川と神奈川の2駅のみとして、所要時間を45分に短縮している。神奈川駅は、現在の京浜急行神奈川駅のやや横浜駅寄りに設けられていた駅で、江戸時代の神奈川宿に隣接する形で設置されていたが、1928（昭和3）年10月15日に現在位置に横浜駅が移転してきたのに伴って廃止となっている。もっとも、1882（明治15）年に運転を開始した4往復の急行列車は、特別料金も不要で、現代の鉄道における快速列車的な存在であったのかもしれない。

特急列車よりも1ランク下の位置づけとなる急行列車の運転が開始されたのは、1894（明治27）年10月10日のことで、現在の山陽本線などを建設した私鉄・山陽鉄道が、神戸～広島間で1往復の急行列車の運転を始めた。

1872（明治5）年に新橋～横浜間に鉄道が開業して、その高い輸送力が知られるようになると、全国で鉄道建設ブームが起こった。当初、国は私設による鉄道の建設を禁じた。これを認めると、私鉄は採算性が見込める都市部に集中して建設されることは明確で、それは都市と地方の格差を拡大させることになるというのがその論旨で、この説を強く唱えていたのが井上勝だった。国は全国の幹線を自前によって建設することを目論んでいた。そしてそれは離島を除く全県を通すものとし、国の権威を示し、国への不満が高まることを防ぐことを狙っていた。しかし、国には肝心の予算がなく、やむを得ない形で、私鉄の建設を認めたのである。

こうした背景から、明治には幾つもの大私鉄が生まれた。現在の東北本線、常磐線、高崎線、山手線池袋～品川間などを建設した日本鉄道や、関西本線などを建設した関西鉄道、山陽本線などを建設した山陽鉄道、鹿児島本線の一部などを建設した九州鉄道などがそれで、これらの大私鉄は明治末期に国によって買収されて国有鉄道に併合されるが、全国に大私鉄が続々と誕生して、各地で路線を延ばし続けていたのが、明治中期から末期にかけての、日本の鉄道の姿だった。

山陽鉄道は、この時代に生まれた私鉄の一つで、後の章でも記すことになるが、旅客サービスの充実と、列車速度の向上を熱心に行った。山陽鉄道は誕生時から並行して走る瀬戸内海の汽船との競争を強いられており、あの手、この手での旅客誘致を行ったのである。しかし、線路を敷設した路盤が脆弱であったことから、列車の揺れは大きく、「命が惜しければ、山陽鉄道には乗るな」といわれた時代もあった。もちろんのこと、死亡事故が多発するようなことはなく、揺れ続ける機関車に乗務しなければならない機関士が、揺れによる胃下垂を防ぐために体にさらしを巻いて乗務したなどの伝説が残るのみとはなっている。

そんな山陽鉄道が日本で初めての急行列車の運転を始めたというのは、歴史の必然といえるのかもしれない。山陽鉄道の急行列車は上下列車とも神戸～広島間を9時間を切る所要時間で運転しており、これが明治時代の列車のスピードだった。

汽船との競争を強いられた山陽鉄道の奮闘

日本で初めて長距離急行を運転した山陽鉄道は、日本の鉄道で初めてのものとなるさまざまなサービスを展開したことで知られる。

会社が創立されたのは、１８８８（明治21）年1月のこと。この年の11月に兵庫～明石間が開通したのを皮切りにして徐々に路線を延ばし、１９０１（明治34）年5月27日には馬関までが開通し、当初に計画していた路線が全通した。馬関とは現在の下関で、古い時代には赤間関《あかまがせき》という地名だった下関港周辺が、後に赤馬関という地名に転じ、それを略した形で馬関という名が生まれ、１９０２（明治35）年6月1日の名称変更によって、現在の下関という地名が生まれた。

神戸～下関間の線路は、1か所、現在の広島市と東広島市の間にそびえる大山峠を越える区間を除けばほぼ平坦で、山陽鉄道の線路はすでに運航が始められていた瀬戸内海の汽船との競争を見据えてなるべく平坦に建設され、そのルートが現在の鉄道でもほぼそのまま利用されている。

山陽鉄道が旅客誘致のために積極的な高速運転を実施したことは先に記したが、それだけでなく、さまざまなサービスを展開したことでも知られる。明治期の鉄道は、黎明期の国有鉄道に元・士族が多く就労していたことから、利用者に対して高圧的な態度を取ることも少なくなかったというが、その姿勢が改められたのは、この山陽鉄道や、１９０６（明治39）年に創立された箕面有馬電気鉄道の経営姿勢が、広く知られるようになってからのことかもしれない。この箕面有馬電気鉄道は現在の阪急電鉄で、この鉄道会社の創業時には、会社創立に関わった小林一三が要員の不足時には自らが車掌を務め、その際に発した「ご乗車ありがとうございます」という言葉は、日本の鉄道で初めて使われたものと伝えられている。

さて、その山陽鉄道におけるサービスだが、日本で初めて採用されたものに、列車ボーイの乗車があった。ボーイとは給仕人のことを指し、乗客に細かなサービスを提供する。また、駅では乗客に替わって荷物を運搬するポーターを私鉄・関西鉄道に続いていち早く採用。この荷物運搬係はその後全国の駅に配置されるようになり、赤い帽子を被ることが約束事になっていたことから「赤帽」という呼び名が生まれた。この赤帽は２００６（平成18）年に岡山駅でのサービスが終了したことから、全国からその姿が消えたとされるが、その後長く鉄道に不可欠のサービスとなった。

また、冬季には乗客に毛布や湯たんぽの貸し出しも行っており、これも汽船との競争に勝つためのサービスの一つであった。今日でこそ、鉄道と船がスピードの競争をすることなど考えられないが、明治期の鉄道には、まだ十分な速力が備わっていなかったということになる。それでも、山陽鉄道は、創業期以降はアメリカ製の機関車を積極的に輸入しており、イギリス製のものが大部分を占めていた本州の鉄道とは、少し趣を異にしていた。繊細な作りのイギリス製の機関車と比べると、アメリカ製の機関車はラフな作りながら悪路には強かったといい、その部分でも山陽鉄道にはフィットしていたことだろう。

ここまでに掲げてきたサービスは、いわばソフトによるものであったが、山陽鉄道のサービスはそれだけにはとどまらず、日本で初めてとなる画期的な車両を導入する。

日本で初めての食堂車が誕生

山陽鉄道が日本で初めて運転した車両の一つが食堂車だった。運転が開始されたのは1899（明治32）年5月25日のこと。山陽鉄道が国有鉄道京都と三田尻（現在の防府）の間で、急行307・312列車に1両の食堂車を連結した。この車両は山陽鉄道が自前で車両を設計し、3両を製作して運用した。それまで日本には食堂車はなかったことから、アメリカの車両を参考にして設計が進められたようである。

現代の鉄道でも各地で食堂車が運転され、「グルメ列車」という呼び名も生まれている。ただ、現在の食堂車は鉄道旅行を楽しむための演出ツールという色合いが濃いのに対し、明治から昭和時代を走った食堂車は、列車内の滞在時間が長くなる乗客への供食施設という性格を有していた。もっとも、黎明期の食堂車は、１等車を利用する「上客」のためのオプショナルサービスの１つという性格が強いようだった。

そのことを裏付けるように、この時に使用された食堂車は１等車が半室、食堂車が半室という合造車が用いられており、１等車の定員は26名、食堂車の定員は13名となっている。車両の図面を見ると、この合造車には厨房スペースが設けられていなかったようで、車内で本格的な調理はできなかったものと思われ、現代のグルメ列車で多くの車両が採り入れている方法、すなわち、あらかたの調理を済ませた食材を現地で積み込み、車内では盛り付けを中心にした作業を行うというやり方が採られていたのかもしれない。

定員数を見ても、これだけでは列車一つの需要を賄うことはできないはずで、国鉄の全盛期ともいえた昭和30年代から40年代に使用されていた食堂車は定員40名というのが１つのスタンダードとなっており、１９６１（昭和36）年から大阪〜青森間で運転された特急「白鳥」などには、一つの編成に２両の食堂車が連結されていた時代もあった。そのような時代になっても、食堂車の料金設定は、市中の食堂よりもやや高かったから、多くの乗客は食堂車は利用せず、車内の食事は駅弁か、持参した手製の弁当に頼るということが多かった。誰もが気軽に外食を楽しめるようになったのは、全国津々浦々にファミリーレストランのような料金が低廉な食事施設ができて後のことである。

国鉄全盛期に運転された食堂車の中で、もっとも華やかな存在となっていたのは、東京発の九州行寝台特急、後には「ブルートレイン」という愛称で呼ばれることになる特急列車の一群だろう。列車が発車する時間帯にもよるが、食堂車の営業が始められるのは、だいたい横浜駅を出発した後のことで、食堂車のウェイトレスが車内放送で食堂車が開店したことを告げる。

「こちらは皆さまの日本食堂です。ただいまお食事の準備が整いました。食堂車は列車の中ほどの5号車にございます」と告げると、この時を待ちわびていた乗客はすぐに列車の中央に向かって歩き出し、定員40名の食堂車はすぐに満員になり、車端部に造られた待合スペースに数人の列ができる。一方、厨房に陣取るコックさんたちは、40人分のオーダーが一度に入ってくるから戦争のような忙しさになる。

そんな時間に、列車を運転している機関士は、東京を発車した列車を横浜で停車させて、また発車させる。徐々に加速をするうちに保土ケ谷駅の先にあるトンネルを抜け、トンネルの前後にある勾配を走り切ったことで、この機関車で下関まで走ることができることを感じてひと安心といったところ……と、そんな具合に列車内のいろいろな人が、いろいろな思いを抱いていたのが、この時間帯だったという。古き良き日の鉄道の情景である。

メニューもアメリカを参考にした黎明期の食堂車

それでは、明治の食堂車にはどのようなメニューが用意されていたのだろう。

1910（明治43）年当時に食堂車の営業を委託されていたみかど食堂の資料には、

朝食（料理2品、麵麭（パン）、珈琲）
昼食（スープ外2品　菓子、果物、麵麭、珈琲）
夕食（スープ外3品　菓子、果物、麵麭、珈琲）

とある。また、アラカルトも用意されていて、ハム・エンド・エッグス、カレー・エンド・ライス、ビーフ・ステーキ、スチュード・ビーフ、チキン・カツレツなどが並べられている。メニューは随時変更もあった模様だが、これは相当に手間がかかっているようにも見える。価格についてはやはり割高だったようで、夕食を食べれば、今日の5000円見当というところだろうか。当時の食堂車は、やはり限られた人だけが利用できる施設だったのである。

山陽鉄道は、食堂車の運転を始めるにあたって、若手社員をアメリカに研修に出したといい、やはりこの会社には新進の社風がみなぎっていたようである。スイス人コックが作るパンの美味しさが評判になったという記録も残されているが、さて、そのお味の方はいかばかりだったろう。焼きたてのパンであれば、これはどの時代でも美味しいに違いないが。

メニューにずらりと洋風の料理が並んでいるのが興味深いところで、この理由を考えてみると、まず当時の感覚として、洋食は和食よりも高級なものであるとする認識があったこと、日本人にはまだ恒常的に洋食を口にしている人が多くはなく、したがって味に対する評価も厳しいものにはならなかったであろうこと、主食のパンが、米飯よりも簡単に用意できたこと、何よりも参考にしたものが海外の料理でしかなかったことなどが挙げられる。ともあれ、試行錯誤も多々あったであろう中で、日本の食堂車は運転を開始した。食堂車に和食が登場するまでには少し時間がかかった模様で、大正時代の食堂車メニューには「親子丼」「味噌汁」「酢の物」などの品目が並べられているものがある。

山陽鉄道に続いて、国有鉄道では１９０１（明治34）年12月15日から、新橋～神戸間運転の２往復の急行に連結されたのが始まりで、山陽鉄道の食堂車の評判がよく、国有鉄道にも食堂車をという要望が殺到した中で、腰が上がった形となった。この背景には、国有鉄道の営業に対する研究の遅れがあったことと、長距離を走る列車には峠越えの区間があって、当時の力の弱い機関車では、この区間で食堂車を連結する余裕がなかったことが挙げられた。そこで苦肉の策として、箱根の峠越えの区間（国府津～沼津間）と、逢坂山の峠越えの区間（大津付近）では食堂車を切り離すという方策が採られている。この運転方式には、それぞれの場所に食堂車を留置しておかなければならないことになり、その手間は相当なものがあったろう。車両の連結、切り離しにも時間がかかったはずである。

山陽鉄道、国有鉄道での成果を目の当たりにして、食堂車を導入した私鉄もあった。それは讃岐鉄道（現在の予讃線・土讃線の一部）、成田鉄道（現在の成田線）、南海鉄道（現在の南海電気鉄道）などで、ただし、どの路線も国有鉄道の長距離列車のように、乗客の車内の滞在時間が長くなるわけではないから、車内で提供されたのは、ケーキ、お茶などの軽食類が中心であったようだ。

食堂車に続いて登場した寝台車

日本で初めての寝台車も山陽鉄道が運転した。列車内でゆっくりと横になって眠ることができる寝台車は長距離を走る優等列車には不可欠の存在で、鉄道が徐々に路線を延ばし、列車の走行時間が長くなると、どこかで夜を迎えることになる。寝台車の登場は、歴史の必然でもあった。

わが国で初めての寝台車が運転を開始したのは１９００（明治33）年４月８日のことで、山陽鉄道が大阪～三田尻間運転の急行３１９・３０２列車に寝台車を連結した。車両はアメリカの寝台車を参考にして、自社の工場で９両を製作。この車両は１等寝台車と食堂車の合造車として製作され、定員は寝台が20名、食堂が８名で、食堂部分の片隅には、狭いながらも石炭レンジが設置され、調理が可能になっていた。

寝台は長手方向、すなわちレールと平行する形で、上下２段の寝台が設置され、下段寝台は昼間は座席として使用される。すなわち、今日でいうところのロングシートが採用されていたが、大正中期までの１・２等車はほとんどの車両がこのスタイルを採用していた。さらに喫煙室、トイレ、洗面所が設けられたほか、特筆すべき設備として扇風機も取り付けられていたという。明治30年代という時代のことである。今日のようにエアコンのない車内は、夏場は暑かったことだろうが、扇風機の風を受ける乗客は、優雅な気分に浸っていたことだろう。この９両は後に国有鉄道に編入され、イネシ９０７０形を名乗っている。

一方、国有鉄道でも、山陽鉄道よりはわずかに遅れる形とはなったが、同じ１９００（明治33）年の10月１日から、新橋～神戸間運転の急行１１７・１１８列車に寝台車を連結して、運転を開始している。車両はイギリスとアメリカから各2両が輸入され、こちらは定員4名のコンパートメントが5室配置されて定員は20名。寝台は山陽鉄道のものとは逆に、枕木に平行となる方向に配置されている。イギリスから輸入された2両はネボ1～2、アメリカから輸入された2両はネボ3～4を名乗り、室内の様式はほぼ同一だった。コンパートメントがずらりと並んだことから、車両の片側には1両を貫通する廊下が設置され、このスタイルは、その後、日本の多くの寝台車に受け継がれることになる。もちろん、車内もすべて木を用いて製作されており、当時の3等車は木の肌がそのままむき出しとなった簡素な作りであったが、1・2等車では壁紙が用いられるなどして、豪華さが演出されている。

また、寝台車を運転したこの時代の私鉄には、日本鉄道もあった。日本鉄道は先にも記したように現在の東北本線、常磐線、高崎線などを建設した私鉄で、1903（明治36）年から寝台車の運転を開始している。日本鉄道はいち早く車両の大型化を推進しており、この前年には車体18mを超える大型の客車を自社工場で完成させていた。車両のいちばんの基礎となる台枠と台車はイギリスからの輸入品に頼っていたものの、車両の大型化は、輸送の効率化には有利で、長距離列車を数多く運転した日本鉄道が、大型車を多数保有したのは当然のことであったろう。この時代以降の鉄道車両は、製造技術の進歩に伴う形で、大型化、車体の鋼製化、軽量化という流れで発展を続け、車両設備もバラエティー豊かなものとなってゆく。

九州鉄道が発注した「或《あ》る列車」

明治の私鉄の乱立時代に、現代の豪華列車のルーツとでも呼びたくなる車両が登場する。この列車を発注したのは九州の私鉄・九州鉄道で、1906（明治39）年に5両1編成がアメリカ・ブリル社に発注された。

この5両の内訳はブトク1（特別車）、ブオネ1（寝台車）、ブオシ1（食堂車）、ブオイ1（1等車）、ブオロ1（2等車）というもので、車体は木製ながら側面窓の上部には楕円形のステンドグラスをはめ込み、車端部に設けられた側扉も上部を曲線にして仕上げるなど、贅を凝らした造りとなっている。内装の豪華さも特筆に値し、特別車ブトク1は片側の車端部に展望デッキを設置。車内を幾つかのコンパートメントに分け、燭台やピアノも設置された。他の各車も当時の最高水準をゆく設備が供えられ、台車は乗り心地の良い3軸ボギー台車が奢られている。耳慣れないブという形式名は、メーカー名にちなんでの採用であったろう。

この編成は翌1907（明治40）年7月までに完成し、船積みされて日本へと向かった。九州鉄道では、もちろんこの編成を自社のフラッグシップトレインとして使用する目論見があったのだろう。しかし、その夢は実現することなく消えてしまった。同年の7月1日に九州鉄道が国有化され、発注主の九州鉄道が消滅してしまったのである。

日本に到着した5両は、しかし国有鉄道にとっては使う当てのない車両であり、さりとてそのまま廃棄するわけにもいかず、試運転を実施した後、まず海外から日本を訪れた来賓を乗せて、横浜から日光へと走る計画が立てられた。しかし、この計画は都合によって中止となり、その後、スイス公使からの求めに応じて運転される機会があったものの、本格的な稼働の機会を得ることはなく、結局は5両ともが事業用車両に転用されて、早いものは1932（昭和7）年に、いちばん長生きしたものも1956（昭和31）年には廃車となってしまった。結局は5両の豪華客車に適した使い道がなかったのである。

こうして、当時の最高水準を駆使して製作された5両の客車は、日本ではほとんど人の目に触れることなく、姿を変えてしまったのである。この5両は、1935（昭和10）年に発行された鉄道趣味の雑誌「鉄道趣味」で紹介され、鹿島正助が、名前も付くことがなかったこの列車を「或る列車」と呼んで見せた。その後、ファンの間ではこの呼び名がすっかり定着し、今日に至っている。皮肉な巡り合わせで本分を発揮することなく消えた客車に、誰もが強いシンパシーを感じたのだろう。

ところで、九州鉄道が姿を消すことになった私鉄の国有化は、1906（明治39）年3月31日に公布された「鉄道国有法」に則る形で進められたもので、同年と翌年の2回に分けて、全国の17社の私鉄が、国によって買収され、国有鉄道に編入された。この17社の中には、本稿でもすでに登場した日本鉄道、山陽鉄道、九州鉄道などの有力な私鉄が含まれ、17社が建設していた総計約4500㎞の鉄道が国有鉄道の路線となったのである。

この施策によって日本の国有鉄道は全国に有力な路線を展開し、今日に至る確固とした基盤を築くことになる。買収された会社の社員の中には、涙ながらに別れを惜しんだという逸話も残されているが、それだけの強引な政策が進められた背景には、全国の鉄道を一元化して、有事の際も迅速な人員輸送を行いたいとする軍部の意向も強く働いていたといわれている。

こうした歴史の波に飲み込まれる形で、「或る列車」は、はかない運命をたどることになった。一説には、九州鉄道がアメリカへの発注を行った時点では、すでに私鉄17社の国有化が告知されていたはずで、それにも関わらず、九州鉄道が豪華車両の製作を取りやめなかったことには謎が残るというものもある。おそらくは会社が国に買収されたのちも、車両は残され、なんらかの使い道が想定されていたのかもしれない。しかし、「或る列車」が九州の地で本分を発揮する機会はなかった。

特急列車は明治末期に運転開始

現代という時代は、新幹線または特急に乗らなければ、鉄道で遠くに行くことが難しい時代である。競合交通機関である航空機、高速バスなどの台頭によって、鉄道も高速での運転を強いられ、その結果として現代の鉄道の運輸体系が出来上がった。昭和の中期までは全国を急行列車が走り、特急列車を補完する役割を果たしていたが、現在は急行を名乗る列車はＪＲには存在しない。けれども、特急の語源が特別急行であるように、それは鉄道の中でも特別な存在とされ、利用客にとっての憧れの的となっていたのである。

特急列車が日本で初めて運転されたのは明治末期のことで、新橋～下関間運転の1列車・2列車が初めて「特別急行列車」を名乗った。乗車には特別急行券が必要で、これもわが国の鉄道で初めてのものとなった。終着駅の下関は大陸への連絡船が発着する港がある町で、当時の日本の玄関口となっていた。まだ関門トンネルは開通しておらず、関東、あるいは関西から運転されてきた列車はすべて下関止まりとなる。今日とはやや異なる鉄道の華やかな時代の舞台であった。

運転が開始されたのは１９１２（明治45）年6月15日。それまで新橋～神戸間で運転されていた「最急行」（急行の中でも最も急ぐ列車）の運転区間を下関まで延長し、それと同時に「特別急行」を名乗っての運転となった。

運転時刻は下り1列車が新橋発8時30分、下関着翌9時38分。上り2列車が下関発19時10分、新橋着翌20時25分というもので、片道の所要時間が35時間前後という長時間運転の列車である。

ただし、それまでにも新橋と下関を直通する列車は運転されていて、１９０７（明治40）年3月16日からは新橋～下関間に急行列車が運転されていた。しかし、この列車には1等車、食堂車こそ連結されていたものの、充当された車両は旧式のもので、見劣りがするようになっていた。そこで使用車両を一新し、速度も向上させて面目の一新が図られたのである。こうしてわが国初の特急列車が誕生した。そして、下関では関釜連絡線と接続し、現在の韓国、中国を通過して、遠くヨーロッパまでの連絡運輸が行われた。特急列車は、東京とヨーロッパを結ぶルートに位置付けられ、英会話に堪能な車掌が乗務した。

もっとも、その車掌の英会話の能力はといえば、「あの山の名前は何というのか？」という外国人旅行者の質問の答えを得るために、クルー一同が雁首揃えて相談し、ようやくのことで解答を得た時には、山は車窓からは消えていたといい、実際の会話力はその程度のものだったろう。今日とは異なり、日本国内で外国人の姿を目にすること自体が、まれだった時代である。

特急列車は、そのような高い位置付け、格式が与えられたことから、使用される車両、実施されるサービスについても、この国を代表するものとされた。列車は7両編成で、荷物・郵便合造車1両のほかは、1等車、2等車、食堂車で編成され、3等車は連結されなかった。列車には列車長を名乗るボーイを置き、英会話も習得させて給仕に当たらせている。下関から船で大陸に渡り、そこからも鉄道を利用してヨーロッパに達するにはおよそ2週間が要されたというが、日本とヨーロッパの間を船で移動するとなるとおよそ2か月が要され、鉄道はそれよりも遥かに早く、ヨーロッパに直行できるのだった。まだ一般市民が航空機を利用できる時代ではなかった。

列車に列車長を置く制度は船に倣ったものであったが、鉄道の世界でも関西の私鉄・南海鉄道が1906（明治39）年4月に採用して成果を得ていた。この時代まで、鉄道は列車を運転さえすれば乗客は集まるという考え方が国有鉄道の内部にあったといわれる。しかし、日露戦争終結後の景気の低迷によって、鉄道会社の側も旅客誘致を行わなければ、乗客が集まらないという考え方が生まれたのである。その先頭に立ったのが、アメリカの鉄道にも勤務した経験を持つ木下淑夫で、木下はさまざまな企画を立案、実行し、旅行を喚起するポスターや、案内書も制作した。後には外部の人間と連携して、後の日本交通公社の設立にも尽力している。そんな時流の変わり目を経て、日本の鉄道がより開かれた姿に変わっていったのが、この時代だった。

贅を凝らして作られた展望車

九州鉄道が発注した「或る列車」や、特急列車の最後尾に連結された展望車は、最優等列車のシンボル的存在となって、その後長く活躍を続けることになる。この車両が国鉄の線路の上から姿を消したのは、1960（昭和35）年6月に東海道本線を走る昼行特急「つばめ」「はと」が電車化された際においてであった。それぞれの時代の最高位の列車である特急の、シンボル的存在とされた展望車ゆえ、製作には力が込められていた。

国有鉄道初の特急の運転開始に際して製作された展望車は5両で、新橋工場で製作され、ステン9020形の形式名が与えられている。製作に際しては九州鉄道が発注し、国有鉄道に引き取られる形となったブトク1が参考にされ、台車には3軸ボギー式のものを履き、室内は半室を展望室として安楽イス11名分を置き、そのほかに8名分の座席と、2名分の寝台が設けられている。展望席のインテリアは、サロンを思わせる高級感のある作りで、運用の面でも展望席は誰もが利用できるフリースペースというのが建前となっていたが、実際には1等車、または2等車の利用客でなければ立ち入りがはばかられたというような雰囲気が漂っていたといい、つまり、政治家であるとか、豪商、高級軍人が出入りするような場所となっていた。ある時、新橋界隈で働く芸者さんが、展望車に乗る機会を得て、室内に知人を見つけたことから挨拶したところ、無視をされたという手記も残されており、そのような階級意識が残されていたのが、明治から戦前という時代だった。

そんな展望車は、昭和初期になると車体が鋼製化されることによって、より使い勝手の良い車両となっていく。鉄道車両の鋼製化は、日本では昭和初期に一気に進められ、それは車両の大型化と、安全の確保という形になって表れた。安全とは、仮に列車が事故に遭遇しても車体が大きく破損する恐れがなくなったということで、モーターの出力アップなどの近代化と合わせて、鉄道を一気に近代的な姿へと変身させる。車両1両を大型化できることで、鉄道は大きな輸送力を得ることとなり、それは特に都市部を走る電車を用いた鉄道で大きな効力を発揮した。

それまでは路面電車然とした小さな車体しか動かすことができなかった電車は、大型の車体と、高性能の動力を得たことで、高速運転と、大量輸送が可能になり、都市内を走る役割から、都市間を連絡する役割へと持ち場を変えたのである。これによって都市近郊に路線を建設していた私鉄各社は、一気に郊外に路線を延ばすことが可能になり、それにしたがって市民も郊外に住居を求めるようになって、都市圏が一気に拡大したのだった。元号が大正から昭和に変わったこの時代は、経済的には世界的な不況のさなかにあったが、技術革新や、長く続いた習慣が改められるなどのイノベーションが続いたことから、市民は明るい予感を感じ取っていた。昭和初期とはそんな時代だった。１９２９（昭和4）年9月15日には、国有鉄道の特急に、初めて愛称名が採用されることになり、公募が行われた結果、東京〜下関間運転の1・2列車に「富士」、3・4列車に「櫻《さくら》」という愛称名がつけられることになった。この愛称名は、それぞれ得票数1位と、3位になるもので、日本を象徴する名称として採用が決まった。得票数2位だったのは「燕《つばめ》」であったが、これは近く運転を開始する予定の、斬新な意匠を備えた特急列車のために温存することになった。

特急に愛称名が付けられたのは、列車の識別を容易にすることと、利用者に鉄道への親しみを抱いてもらうことで、この時代に落ち込みを見せていた利用客を、再び鉄道に誘致する狙いがあったといわれる。

「白木式」、「桃山式」などの様式美を備えた展望車が登場

この時代に鋼製車体を採用して製作された展望車の第一号となったのがスイテ37000形だった。1930（昭和5）年に、前年から愛称名付き特急として運転されるようになった「富士」用として3両が製作されたこの形式は、この前年から製作が開始されたスハ32系グループに属する車両で、当初から鋼製車体で製作されている。

形式名からも解るとおり、室内は半室が1等座席、半室が展望席とされ、1等室は定員13名、展望席は定員11名となっている。極端に定員数が絞られていることも特徴的で、そもそもこの時代には、

庶民が鉄道で長距離を旅行するにしても、特急を利用することは稀で、多くは夜行列車か、少し頑張って、急行列車を使用するというのが、実際のところだった。特急列車は限られた人だけが利用する存在であり、その中でも1等車の利用客は限られている。それでも名士と呼ばれる人からや、来賓をもてなすという需要があるから、その時代の先端をゆく設備を備えた列車の運転は必要不可欠のものとなる。特急が誰にでも気軽に利用できるようになり、ラフな格好の若者が乗っても何の違和感も感じられなくなるのは、東海道新幹線が開業した以後のことである。

３両のスイテ３７０００形は内装が洋風にまとめられ、その様式が東京・日本橋のデパート白木屋のモダンな内装デザインに似通っていたことから、「白木屋式」という愛称も生まれた。そして、これに続いて同じく大井工場で2両が製作された展望車、スイテ３７０１０形は内装が外国人の利用を意識して御殿を思わせる和風の造りとなり、こちらには「桃山式」の愛称名が贈られている。こちらの定員は1等席が18名、展望席が12名となっている。

客車特急の最後尾に展望車が連結された、古き良き時代の姿を描写した文学作品に、内田百閒の『阿房列車』がある。百閒先生は「なんにも用事がないけれど、汽車に乗つて大阪へ行つて来ようと思ふ」と思い立ち、大阪行の特急（それも1等車を利用！）に乗る。後の研究によれば、この列車は１９５０（昭和25）年10月22日と、翌日に運転された「はと」で、時代は戦後のこととはなるが、作品では当時の特急列車、あるいは展望車の車内の雰囲気がうまく描写されている。先生の旅に何も目的がなかったのは事実だったようで、大阪の宿に泊まり、翌日の上り特急「はと」に乗車すると、列車ボーイも昨日と同じ人で「お早いお帰りで」と、歓迎とも冷やかしともつかない言葉で迎えられる。この時代の列車は、特急とはいえど、片道に8時間を要する列車の雰囲気はどこかのどかで、今日の新鋭特急とはずいぶんと異なっていたようだ。

第2章　スピードアップを目指した列車たち

超特急「燕」の登場

1930（昭和5）年10月1日。国有鉄道は東京〜神戸間で新しい特急の運転を開始した。列車名は「燕」。これは前年に実施された特急の愛称名公募で、得票2位になったものであった。特急「燕」には、それまでの特急とは異なる命題が与えられていた。それは明確な高速運転の指向だった。

この列車が生まれるきっかけとなったのが、当時「鉄道記者」として名を馳せていた青木槐三《かいぞう》の鉄道省（当時の国有鉄道を管轄する組織。1920（大正9）年に、それまでの鉄道院から改組され、1943（昭和18）年に運輸通信省に改組。さらにその後1949（昭和24）年6月1日に日本国有鉄道へと改組される）訪問だった。青木は鉄道省に新任の課長がいると、その下《もと》を訪ねることがならわしになっていたという。

その日に青木が訪れたのは運転課長の結城弘毅《こうき》だった。青木は「何か人々を驚かせるような列車を運転しないか」と結城を焚きつける。売り言葉に買い言葉で、結城が答えたのが、「東京〜大阪8時間運転」だった。それまで東京〜大阪間の所要時間は、特急列車でもおよそ11時間を要していたから大幅な短縮だが、結城はこれを大きな改良を行わずとも実行が可能だと、見栄を切ったのである。そして「東京・大阪をノンストップで飛ばすんだ。機関車は新造しないでC51車両を用い、編成は8両だ。水は走行中にすくうことにする……」と矢継ぎ早に時間短縮のアイデアを出し、かたわらにいた部下に所要時間を計算させる。その結果、８時間運転が可能だとの回答が得られる。

実際には蒸気機関車には東京〜大阪間をノンストップで走る性能はなく、途中の機関車交換などのために停車駅が追加され、走行中の給水や、この時に結城が口にした箱根の山越え（当時の東海道本線は、まだ丹那トンネルが開通していなかったことから現在の御殿場線を経由していた）での走行中の補助機関車の連結と解放は、実際に訓練まで行われたものの、危険性が大きいことから中止されたが、それでも結城のいくつかのアイディアが実行された結果、東京〜大阪間８時間20分での運転が実現したのである。それは、それまでから２時間20分の所要時間短縮だった。そして、いつしか「燕」には超特急という呼び名も生まれている。

「燕」は、明確に高速運転を志向したことから、展望車の連結を廃し、すでに電化が完成していた東海道本線東京口でも、電化区間が終了する国府津での機関車交換の時間が発生するのをきらって、あえて東京駅からＣ51形蒸気機関車で列車を引かせるなど、ことサービスについては若干退行のきらいがあったものの、運転が開始された後は、乗客から好評を得た。この時代にあっても、列車の速達化は、大きな乗客サービスだったのである。

１９３４（昭和９）年12月１日には、16年という長大な工期をかけた末に丹那トンネルが開通して、勾配を連続して箱根の北側を迂回していた現在の御殿場線経由の運転ルートが、現行の熱海経由となり、東海道本線を走る長距離列車の所要時間は大幅に短縮され、いささかストイックな姿で運転を開始した「燕」にも展望車が連結されるなど、特急にふさわしい姿に変貌する。それでも、昭和初期に登場したこの列車は、今も多くの人に語り継がれるようになり、燕は国鉄のシンボルとなり、21世紀になった今も新幹線の列車に、その名が受け継がれている。

結城は国鉄に赴任する前は、高速運転で名を馳せた、明治の私鉄・山陽鉄道で運転の指揮を執った人間だった。青木がいきなり結城を煽ってみせたのも、もちろん、この前歴を知っていたからだろう。酒の上の失敗談なども多かったという結城だが、自らが機関車の運転台に乗り込んで機関士を指導するなどして、現在の日本の鉄道の「秒単位で運転ダイヤを遵守する」という大きな特徴を築いてみせたのも、結城の功績と伝えられている。

特急「燕」を追い越してみせた電車

国鉄の超特急「燕」は、積極的な高速運転を実施することで注目された。この注目度を利用して、「燕よりも速い列車」が走ることをPRした路線があった。それが京都と大阪を結んで走った新京阪電気鉄道だった。この路線は現在、阪急電鉄京都線として運転を続けている。

新京阪鉄道は1922(大正11)年6月28日に創立。社名からも解るとおり、京阪電気鉄道の手によって作られた会社で、建設時の経緯から自社の路線に曲線区間が多くなってしまった同社が、より直線的で、したがって高速運転が可能な路線を淀川の対岸に新設すべく立ち上げられた会社だった。

結局この路線は戦時中の交通統合のために1943(昭和18)年10月1日に阪神急行電鉄(現・阪急

電鉄）と合併し、戦後も阪急の路線として経営が続けられるという皮肉な経緯を持つが、元々は京都〜大阪間のバイパスとして建設された路線だった。

その新京阪の線路が、京都の大山崎付近で国鉄の線路と並行する。そこで、この線形を活かし、ここで自社の電車が、国鉄の「燕」を追い抜くシーンを映像とし、「燕よりも速い」というキャッチフレーズをつけて、ＰＲに使用したのである。

このＰＲに使われたのがＰ-６形電車、後にはデイ１００形という形式名となる電車だった。１９２８（昭和３）年の淡路〜高槻町間の開業に備えて製作された車両で、総計73両が誕生している。高速運転を可能にするべく、使用する電装品には良質な品物が選ばれ、車体も当初から鋼製、あるいは半鋼製として信頼性を確保した。昭和初期という時代は、鉄道車両の鋼製化が技術的に可能になったことから、全国の多くの鉄道に鋼製車体を備えた車両が登場したが、Ｐ-６形もこの潮流に乗ったのである。

もちろん、ブレーキや、集電装置なども高速運転に必要とされる規格の高いものが用いられた結果、Ｐ-６形は、最高１２０㎞／ｈという、この時代の車両としては破格とも表現したくなる高速運転を可能にし、時代を代表する名車となって、鉄道の歴史にその名を残すことになったのである。

新京阪の路線が全長50㎞あまりと、長くはない路線であったことから接客設備についてはオーソドックスにまとめられており、豪華さという点では特筆すべき事項はなかったものの、後続に続く鉄道車両にも大きな影響を与えたエポックメーカーとなったのである。

なお、この電車が本当に「燕」より速かったのかどうか。当時の記録を検証すると、全区間の平均という形で計算すると、やはり特急である「燕」の方がP－6よりも速かったとする解釈もあるようだ。ただ、P－6が「燕」を追い抜くことは難しいことではなく、それは特急といえども何両も客車が連結された編成を蒸気機関車が引いた「燕」より、短編成の電車が加速や、最高速度の面で有利であることは当たり前のことだったのである。

つまりは、新京阪のPRが上手かったということになるのだが、もとより性能の劣る車両を起用していては、その後長く語り継がれる伝説を作ることはできなかったろう。

電車製作技術の発達

ところで、日本の鉄道の歴史をこうやって黎明期から振り返ってみると、電車が登場する機会がずいぶんと少ない。歴史の主役になっているのは、蒸気機関車が引く列車ばかりである。21世紀の今日では、ディーゼルカー、客車と呼ぶべき車両までを、誰もが電車と呼ぶようになり、その風潮に照らし合わせるならば、遠い昔の電車は、ずいぶんと日陰者の扱いを受けていたようにも見える。けれども、それが昔の電車の姿だった。昭和初期まで、電車が備えた能力は、極めて限られたものだったのである。

日本で初めて電車による営業運転が始められたのは、1895（明治28）年2月1日のことであった。その舞台となったのは京都。後に京都市電となる京都電気鉄道が、東洞院塩小路～伏見下油掛間6・4㎞での運転を開始したのが、日本の電車運転の事始めである。続いて1898（明治31）年5月6日には後の名古屋市電となる名古屋電気鉄道笹島～県庁前間2・2㎞が、そして1899（明治32）年1月21日には日本で3番目、関東では初めての電車運転となる大師電気鉄道（現・京浜急行電鉄）の川崎～大師間2・0㎞が開業している。大師電気鉄道の当時の写真を見ても、走っているのは今日の路面電車を思わせる小さなもので、つまりそれが日本の電車黎明期の姿だった。それは従来の馬車鉄道に替わる交通機関として運転が開始されたのである。

けれども、電車はたちまちのうちに都市交通の主役の座に躍り出る。馬車鉄道の動力は馬で、しかしこれは生き物であるから、世話には手間がかかり、ひとたび機嫌が悪くなると、その「性能」は本来のものではなくなる。しかし、電車であれば、保守は一定のルーチンをこなせばよく、何よりも機嫌が悪くなることはない。そして、力もより大きい。ただ、当時の技術では、多くの人を運べる大きな車体も、それを支える出力の大きなモーターも作ることができなかったから、電車の輸送力は小さく、働く場所も限られていたのだった。

しかし、相次ぐ技術の革新によって、その壁が越えられるようになったのである。昭和初頭には日本でも鉄道車両の車体を鋼製で作る技術が確立し、たちまちのうちにそれが普及した。こうして昭和初期という時代には、電車の世界にイノベーションが起こったのである。

それまでは路面電車の役割しか果たせなかった電車は、車両が大型化と高速化を実現したことで、都市近郊へと足を延ばせるようになり、鉄道会社はこぞって路線の延伸を続けた。それは都市の拡大に結びついた。それまで都市の中心に住んでいた人々は、より良い住環境を求めて郊外へと引っ越し、首都圏でも関西圏でも都市の拡大が続いた。１９２３（大正12）年9月1日には関東大震災が発生して東京は壊滅的な打撃を受けたが、未曾有のこの災害は東京の街をリセットする役割も果たし、東京のリストラがなされたのである。

そんな都市の刷新に、電車の世界の技術向上がひと役買っていたのだった。

浅草から日光まで直通した電車

こうして、電車の製作技術が一定の水準に達すると、それを活かしての新たな輸送方法が確立されてゆく。それがすなわち電車による長距離輸送の開始だった。実は、電車は走行時の騒音、振動がひどく、長時間の乗車には向かないというのがこの時代の電車に対する評価で、これが解決されるのは昭和30年代まで待たなければならないのだが、その欠点を差し置いても積極的な起用に値するポテンシャルがあると判断したのが、電気運転を積極的に行う鉄道会社の上層部だった。

関東では東武鉄道が１９２９（昭和4）年10月1日に下今市～東武日光間を開業させて、これで日光線が全通となった。東武鉄道が日光への路線延伸を計画したのは明治時代の末期のことといい、当初は佐野経由での路線延伸を目論んでいたが、これは後に地形が平坦な現行のルートに改められた。

当時から日光は、多くの観光客の誘致が望める魅力的な観光地だったのである。

日光線は当初から全線を電化して建設された路線で、これからの時代の主力が電車になることを見越しての方策だった。この開業に備えて増備されたのがデハ5形にグルーピングされる車両で、さらに1935（昭和10）年には日光線での特急運転開始に備えた新車が製作された。それがデハ10系だった。デハ10系は車体長18m、最高速度は95km／hで、このあたりは時代の最先端には一歩及んでおらず、スタイリングにもやや古めかしいイメージが残されていたが、車内は台車点検蓋がある部分を除いてクロスシートが配置され、行楽地に向かう特急車にふさわしい風格が醸し出された。浅草から東武日光への所要時間はおよそ2時間で、行楽地に向かう車内の雰囲気はきっと明るく、賑やかだったことだろう。東武鉄道は日光線の開業時から、朝の5時台から40分間隔で列車の運転を行っており、実はこの頻繁運転こそが、電車運転の最大のアドバンテージだったのである。

それまでの主力であった蒸気機関車の運転では、こうはいかない。蒸気機関車は、運転を可能にするためには、まず石炭を焚いて水を沸騰させ、高い圧力の蒸気を発生させなければいけない。実はこれに時間がかかる。列車が終着駅に着いたなら、折り返しのためには機関車を列車の反対側に移動させなければならず、場合によってはターンテーブルで機関車の向きを変えなければならない。いずれも時間がかかる作業である。運転には高い技術が必要とされ、したがって乗務員の養成にも時間がかかった。

しかし、電車であれば、こういった手間はすべて省略でき、終点での折り返しも、運転士が反対側の運転台に歩いて行けばことが済む。もちろん経済的にも有利である。いち早く電車運転に積極的に取り組んだ会社は、こういった電車の性格を買っていたのである。

日光線を走る電車特急には「華厳」「鬼怒」といった愛称名が贈られ、東武鉄道の看板列車に成長を遂げる。鉄道に電車の時代が訪れたのだった。

東武鉄道が製作した貴賓車トク500

東武鉄道は自社の日光線が全通する時に、1両だけスペシャリティーを製作した。それがトク500だった。この車両は形式名からも解るとおり客車として製作された車両で、片方の車端部に展望デッキが取り付けられ、国鉄展望車と同様に列車の最後尾に連結されて、電車列車にけん引される形で運転される。

車内には一人掛けのソファーが並べられた食堂兼展望室があり、定員は8名。随行員、クルーを合わせても、最大で20名乗りという贅沢な車両だった。

日光線の開通後にPRが続けられ、普通乗車券があれば、80㎞以上は3円という価格で座席券が発売され、一般の利用も可能だった。

日光線を全線電化の形で建設するなど、電車の運転に積極的だった東武鉄道が、なぜ1両のみ客車を作ったのか、その本当の理由は解らないが、車両新製の費用が安いことと、どのような路線にも入線が可能であるという客車の特長が買われたのかもしれない。

戦後には鬼怒川線に乗り入れる列車などに連結されて使用されたが、鬼怒川温泉に到着した後、下今市まで回送して車両の向きを変えなければならないなど、運転にはそれなりの手間がかかったことから、運転の機会は少なくなり、結局は１９５７（昭和32）年３月には廃車となってしまった。その後は、東武動物公園で保存されていたものの、これも１９９６（平成８）年に解体となっている。

鉄道車両が生まれてから消えるまでの間に辿る道は、それぞれの時代の社会の動きや、他の車両の動向によって左右されることが多い。名車であるはずながら短命に終わった車両は数が知れず、それとは逆に凡庸な性能でありながら、不思議と生きながらえて、名車に祀り上げられることもある。結局は人間の評価というものは相対的なものでしかないのだろう。その意味でもトク５００は不運な車両であった。もしも、この車両があと10年遅く生まれていたのであれば、その後の歩みは違ったものとなったろうし、あと10年生きながらえていれば、解体処分とはならず、今頃、博物館の一等地に鎮座していたかもしれない。

ただ、トク５００が生まれたことによって、東武鉄道の気概が知られ、後続の車両にも影響を与えたことは確かだろう。

トク５００は、戦後には改造を受けて、元々供えられていた料理室、ボーイ室などを撤去して、捻出されたスペースにスタンドバーを設け、展望台を撤去して、密閉式となった室内にソファーとテーブルを設置した。そして団体の利用を受け付ける形で、定期列車に増結される形で運転されたが、利用者は少ないままであったという。この時代には古くなっていた設備も、利用客の目には魅力的なものに映らなかったのかもしれない。

これが今日であれば、インターネットで宣伝を行うことで、全国からの集客が可能だろう。古い調度品が並ぶ設備は、レトロ調のバーとして人気が出るかもしれない。つまり東武鉄道トク５００は、時代の巡り合わせに恵まれなかった車両だったのである。

関西の電車は大阪から伊勢へ

さて、東武鉄道が電車による長距離運転を始めていた時代に、関西でも同じ動きが起こっていた。その先鋒となったのが、桜井と宇治山田を結ぶべく１９２７（昭和２）年９月28日に創立された参宮急行電鉄だった。

参宮急行電鉄は、明治末期に創業した大阪電気軌道の子会社となる組織で、大阪を本拠地としていた大阪電気軌道の伊勢進出を図るために設立された。江戸時代から「一度はお伊勢参り」と庶民にいわれていたとおり、伊勢神宮、およびその周辺は、宗教都市というばかりでなく、観光地でも多くの客が訪れ、ここに線路を延ばすことは鉄道会社にとって魅力的なプロジェクトとなっていたのである。東武鉄道と国有鉄道がしのぎを削った日光への鉄道にも似た一面があり、ほかにも寺社・仏閣への参拝輸送を見据えて建設された鉄道は数多い。

参宮急行電鉄が創業時に用意した電車が２２００系だった。大阪と伊勢を直通運転することから、途中の鈴鹿越えなどに存在する勾配区間を越えて、全線を2時間を切る所要時間で走破する性能が求められた。

車体は半鋼製の20m級のもので、この大型車体の電車を動かすためには、モーターの出力を上げる必要があるが、それには限界があることから、車体の軽量化が図られることとなった。とはいえ今日のような軽金属のない時代のことである。車体の軽量化は台枠などの車体構造を見直すことによって進められた。もちろん、台枠は鉄道車両の基幹となる部品であり、これを闇雲に軽量なものとしてしまうと、車体の基本的な剛性が失われ、それは安全性を低いものにしてしまうばかりでなく、車両の寿命を縮めてしまう可能性があった。そこで２２００系では、台枠の素材に「形鋼《かたこう》」を使用し、併せて車体側面の鋼体にも一定の強度を持たせて車体にかかる負荷を分担させることで強度を確保する方策が採られた。戦後になると航空機産業で培われた技術を応用して、車体全部で負荷を分担する張殻《ちょうかく》構造が鉄道車両にも応用されて以後の標準となっているが、本形式が採用したスタイルも、それに似たアプローチだった。

室内には固定式のクロスシートを配置したが、シート間隔は国鉄の2等車の標準に近いものとして、居住性を高めている。設計時から、競合する国有鉄道の車両の上を行くべく考えられての方策だった。また、室内には灰皿を配置し、電気暖房も搭載した。これも快適な環境を作るために考えられたものだった。

そして2200系を語る上で忘れてならないのが、トイレの存在だった。乗客の乗車時間が2時間に迫る列車に充当するのだから、トイレの設置は必須だったが、床下が電気品によって埋まっている電車のことである。トイレ用のパイプすら設置する場所がなかった。そこでやむを得ない措置として採用されたのが、先頭部の運転台の反対側にトイレを設置したことだった。その結果としてトイレ部分の窓はなくなり、トイレ付きのデ2200形には「片目」という愛称が生まれた。左右非対称の電車は珍しかったが、勇壮な雰囲気の「片目」は人気車両となったのである。

運転が開始された2200系は上本町（現・大阪上本町）～山田（現・伊勢市）間を2時間45分で結び、国有鉄道が運転する大阪～伊勢間の列車に圧倒的な差をつけた。国有鉄道の列車は、天王寺～伊勢間を走破するのに、およそ4時間を要していたのである。1932（昭和7）年1月1日からは特急としての運転が開始され、上本町～宇治山田間の所要時間は2時間1分に短縮されている。この特急には「五十鈴」という愛称名が付けられた。伊勢神宮のかたわらを流れる五十鈴川にちなんだものだった。この特急運転を、今は近畿日本鉄道が全線に運転ネットワークを広げている近鉄特急のルーツとする見方もある。2200系の運転は1970年代まで続けられた。

木造車体の豪華電車、南海鉄道電7系

東武鉄道や、参宮急行電鉄が華やかな電車運転を開始するよりも早く、大正時代の南海鉄道（後の

南海電気鉄道）に、豪華な設備を備えた電車が登場した。１９２４（大正13）年登場の電7系電車がそれで、４両編成10本計40両が製作され、難波～和歌山市間で、急行用として運転が開始されている。

南海鉄道が、この時期に豪華な車両を製作した背景には、並行する他社の路線とのシェア争いがあった。並行する路線とは１９２６（大正15）年4月24日に設立される阪和電気鉄道で、天王寺を起点に和歌山まで走ることを画策したこの路線は、全線が南海鉄道と並行することになる。この会社が設立されるという情報を得た南海鉄道は、対抗策として豪華な車両を製作したのである。

電7系は車体は木造で、屋根にダブルルーフを採用するなど、スタイリングについては旧来のものを踏襲しているが、内装と、サービスについては当時の先端とでもいうべき趣向が凝らされた。

10編成のうち6編成については、車号の若い順に「浪速」、「和歌」、「淡輪」、「住吉」、「大濱」、「濱寺」とネーミングされて使用された。これは列車名ではなく、個々の編成に与えられたネーミングで、客船の名前などと同様である。残りの4編成にはネーミングは行われず、予備として使用された。すなわち、故障が起こった際などに代用として使用される。ただし、車内設備などに変わりはない。

編成は4両を固定編成として使用し、和歌山寄りの先頭車となる電付6形には手荷物室、喫茶室、特等室、トイレが設けられている。編成の先頭側の運転台背後には手荷物室があり、その背後には特等室として定員6名のコンパートメントが2室、さらにその背後にトイレが設置され、出入り台を挟んだ後方には定員10名の喫茶室があり、車端部には厨房がある。

この時代に難波から和歌山までを乗り通しても所要時間は、およそ1時間30分。それだけに南海鉄道の意気込みが窺える存在となったのがこの電7系であり、庶民には縁の薄い存在ではあったかもしれないが、喫茶室のついた電車が一気に10両も登場したことは、利用者に大きな喜びを与えたことだろう。

そのことを裏付けるように、この電7系は1926（大正15）年12月4日の南海鉄道のダイヤ改正から、難波～和歌山市間に電7系を使用しての特急の運転が開始されている。1日7往復の運転で、難波～和歌山市間の所要時間は75分となり、これは従来の急行を15分短縮するものとなった。

大正時代の木造電車を使用して運転された、喫茶室、特別室付きの特急。それは今日の目にも、とても魅力的なものに映る。電7形は現場でも愛される存在であったようで、同社の南海線に代替の車両が登場した後は一部の編成が高野線に異動して使用が続けられ、1編成は戦時中でも使用されることなく、車庫の中で保存が続けられていたという。そして、その活躍は1963（昭和38）年まで続き、後年には形式称号の改定によって生まれたクイシニという形式名でも、多くの人に親しまれる存在となったのである。

阪和電気鉄道の挑戦

南海鉄道に木造豪華電車を作らせるきっかけとなった阪和電気鉄道は、1929（昭和4）年7月18日に、阪和天王寺～和泉府中間と、鳳～阪和浜寺間を開業させた。阪和天王寺は現在の天王寺、阪和浜寺は現在の東羽衣駅である。すなわち、この路線が、現在のＪＲ阪和線、羽衣支線となっている路線である。

この路線は、泉州地方の有志が大手電力会社である宇治川電気（後の関西電力）などと結んで立ち上げられた会社で、鉄道会社としての設立に京阪電気鉄道もひと役買うことになった。阪和電気鉄道は南海鉄道よりも内陸寄りにルートを採り、高速運転を容易にするよう、線路は直線的に建設された。このあたりは、同じ京阪電気鉄道が自社の線路では難しかった高速運転を実現するために新京阪鉄道を設立し、直線的に線路を建設した経緯とよく似ている。１９３０（昭和５）年６月16日には和泉府中～阪和東和歌山（現・和歌山）が開業して本線が全通。全区間を急行が65分で走破している。

阪和鉄道が開業した時、並行するライバル路線の南海電気鉄道は、すでに電７系電車を就役させて旅客サービスの充実を図っている。これに対抗すべく阪和電気鉄道が採った方策は、高速運転の実施だった。

阪和電気鉄道が開業時から運転を開始した電車はモヨ１００形、モタ３００形といった車体長19m級の鋼製電車で、一風変わった形式名は、タが縦型の座席、すなわちロングシート、ヨが横型の座席、すなわちクロスシートを装備していることを指している。装荷されたモーターは定格出力１４９・２kWで日本最大クラス、高速運転を実施するために欠かすことのできない高性能のブレーキについても、原設計がアメリカで行われたものを採用した。

開業時から高速運転を実施して、南海電気鉄道への対抗策とした阪和電気鉄道は、１９３３（昭和８）

年12月20日からは阪和天王寺～阪和東和歌山間をノンストップ、所要45分で走破する列車を設定し、これを「超特急」と呼んだ。１９３０（昭和５）年10月１日から運転を開始した国鉄の「燕」に次ぐ超特急の誕生だが、運転速度は阪和電気鉄道の超特急の方が高く、全区間の平均速度は81・６㎞／ｈを記録している。

この数値は、現代の在来線特急と比較しても遜色のないもので、ＪＲの特急の中で平均速度（表定速度とも）が80㎞／ｈを超えるものは多くない。速度については高くなかった国鉄の寝台客車「ブルートレイン」の平均速度は、どれも50㎞／ｈ台半ばだった。

阪和電気鉄道では、このほかにもさまざまな列車を運転して、そのどれもが自社が身上とする高速運転を志向した。こと客室設備については南海鉄道の電７系のような華やかさはなかったものの、列車の速達化こそが最大のサービスということが標榜されたのである。

阪和電気鉄道と南海鉄道の競争はその後も続き、当時のリゾート地となっていた浜寺では、両社の社員による客引き合戦が繰り広げられ、実際に取っ組み合いを始めた社員までいたという。

そんな逸話が残されているのも、この時代には電車が高性能化し、高速運転が可能になったからこそであった。昭和初期という時代は、多くの路線が列車の高速化を図るべく、しのぎを削っていたのである。そんな阪和電気鉄道も、１９４４（昭和19）年５月１日には、戦時買収によって国有鉄道に編入され国有鉄道阪和線となった。

小田急の「週末温泉急行」

昭和初期という時代は、関東においてもさまざまな路線で大きなイノベーションが起こっていた。鉄道車両が鋼製化したことによって、車体の大型化と高速運転が可能になり、それまでは路面電車などの都市内での輸送を身上としていたものが、都市間を連絡する交通機関へと変貌したのである。

新宿と小田原などを結ぶ小田急電鉄は、１９２７（昭和２）年４月１日に、小田原線全線を一気に開業させた。それも当初から全線を電化し、全線の複線化についても、開業から間をおかずに実現させている。鉄道のスタイルが一気に近代化したのだった。

しかし、全線を複線電化するといった近代的な姿を整えてはみても、当時の小田原急行鉄道は、輸送需要の低迷に悩まされ続けていた。そもそも、この路線が延びる東京都の西部、神奈川県の中部には人口が少なかったのである。作家の坂口安吾は、この時代の小田急沿線に住み、世田谷界隈の風景を「原始林もあった」と形容している。さすがに原始林という描写は正確ではないのだろうけれど、手つかずの雑木林が、あちらこちらにあったのだろう。

需要の低迷を打開すべく採られた方策の一つとなったのが、箱根への観光客の誘致で、新宿と小田原をノンストップで結ぶ「週末温泉急行」の運転が開始されたのは１９３５（昭和10）年６月１日のことだった。土曜日に新宿発の列車を片道運転し、日曜日の帰路は、通常の急行に乗ってもらうという考え方だった。

とはいえ、この列車専用の車両があったわけではなく、この列車にはクロスシートを装備した101形などが充当された。新宿〜小田原間の所要時間は90分で、これは現代の小田急の特急と大差ない。もとより、極端なまでに高速運転を志向するのは小田急のやり方ではなく、車内の時間をいかに楽しく過ごすか、そのためのサービスはいかにあるべきかを考えるのが小田急スタイルで、それは特急列車だけを優先的に運転することはできない、小田急の輸送需要、線形とも関係があるように思われる。その意味では、斬新なサービスが登場することのない近年の小田急ロマンスカーには、少し淋しさも感じられはするのだが。

小田急の週末温泉急行は、太平洋戦争が始まったことで開戦翌年の1月には運転が中止され、同じ意匠の列車が復活するのは、戦後の1948（昭和23）年10月16日のことで、所要時間は100分。これは戦前よりも悪い数字とはなるのだが、車両も施設も荒廃していただろうことが窺える。使用車両も通勤車両を用いるしかなく、温泉急行として運転する際には、片側に3か所ある扉のうち中央の扉を締め切りにして、シートにカバーをかけるなどの演出が行われた。この列車は土曜日に下り1本、日曜日に下り1本、上り2本が運転されている。

まだ、終戦からさほど時間が経っていない時期の、温泉急行の乗車率は果たしていかばかりだったろう？　それでも、観光色の強い列車を、たとえ少しくらいのやせ我慢をしても運転することは、鉄道会社の矜持、積極的な姿勢のPRになったことだろうし、それが利用者に希望を与えたであろうことも、想像に難くない。もしかしたら、現代の鉄道にいちばん欠けているのは、利用者に希望を与える意気込みを示してみせることなのかもしれない。

流線形デザインはスピードアップに貢献したのか？

それは世界的な流行だった。戦前の「流線形ブーム」のことである。

ブームはヨーロッパでは１９２０年代後半から始まり、瞬く間に世界に伝播した。鉄道車両、自動車、飛行機などの先頭部を流線形にすることで、空気抵抗を減らし、高速での運行をさらにスムースにするというのが、流線形の基本的な考え方である。

日本では１９２９（昭和４）年にC51形1両を流線形のスタイリングに改造。さらに１９３４（昭和９）年にはC53形1両を流線形に改造して、空気抵抗の低減を図った。さらにＥＦ55形、モハ52形、キハ４３０００形などが先頭部を流線形として登場。これらの形式は、いずれも使用線区での主役的存在を担う車両であり、それまでの武骨なスタイルの車両に替わる未来的なフォルムを有した車両が一躍注目されたのである。

ブームは、この時代の工業技術の進歩がバックボーンにあった。それまでの平面を組み合わせた武骨なスタイルしか作ることができなかったさまざまなアイテムが、未来を予感させるフォルムに生まれ変わったのである。流線形に仕立てられたのは、乗り物ばかりでなく、最後にはトースターまでが曲面を組み合わせた姿で登場。この時代の全世界を覆う一大エポックとなったのである。

しかし、やがてブームは収束した。機体が小さく、高速での飛行を身上とする飛行機では、空力面で抜群の効果がある流線形のフォルムも、鉄道車両にはそれほどの実効性はなかったのである。当時の鉄道車両の運転速度は、おおむね100km／h未満であり、それであれば、流線形のフォルムが生み出す空気抵抗削減の効果は、さほど大きなものではなくなる。平面的なフォルムの車両であれ、走行時には車両前面の前に空気の渦が出来上がり、それが流線形車体と同様の効果を生み出す。そしてそれよりも大きな問題は、鉄道車両は側面が長いことから、側面の抵抗が大きく、流線形フォルムが生み出す先頭部の空気抵抗の減少などはさしたる意味を持たないのであった。

半ば無理矢理流線形になった機関車は、本来であれば不必要なカバー類があることから、点検に手間がかかり、やがて敬遠されるようになる。実効性の無い意匠は排除されるのが輸送の現場の常で、せっかくのスマートな車両も、その多くは改造によって、以前と変わらない姿に戻されていったのだった。

国鉄でD51形蒸気機関車などの設計に携わり、東海道新幹線の建設にも尽力した国鉄技師長の島秀雄は、後に流線形ブームのことを「流線形の流は、流行の流ですよ」と述懐している。エンジニアからは、流線形フォルムの実効性の乏しさは、当初から見抜かれていたのである。けれども、この「狂騒曲」もまた、世界の鉄道の歴史に書き残さなければならないエポックであるのだろう。

ところで、現代の最新鋭の新幹線車両も、流線形をさらに発展させた独創的なフォルムをしているが、これは何を狙ってのものなのか。

空気抵抗の削減はもちろんのことで、高速運転を身上とする現代の高速車両は、側面窓の処理についても、航空機と同様の仕上げとなっているが、先頭部の形状は、トンネル進入時の空気抵抗を減らすことによって、トンネル内で圧縮された空気がトンネル出口から出る時に生じる騒音を無くすことと、先頭部が列車の最後尾になった時の空気の流れをスムースにすることによって、車両に振動を生じさせないことが狙いとなっている。

現代の鉄道車両の解析は、90年前の技術者の想定の、遥かに上を行っているということになる。

はかない夢だった弾丸列車

戦前に時速200kmで走る鉄道を建設する計画があった。いわゆる「弾丸列車計画」である。この計画がいつ頃立案されたかには諸説があるが、超特急「燕」の誕生にもひと役買った鉄道記者の青木槐三の説では、最初は法螺《ほら》ともつかないような話だったのが、だんだん誰もが本気になりだして、1938（昭和13）年頃には計画が真剣に検討されるようになったのだという。事実、この年には鉄道省の内部に「鉄道幹線調査分科会」が設立されており、東海道本線、山陽本線を基幹とした輸送力の増強について検討がなされ始めている。青木の指摘では、大きなことを口にする者をスケールの大きな人間と捉える戦前の風潮が背景にあったといい、鉄道省の内部のどこかで誰かがいい出したことが、いつしか本決まりになってしまったということである。当初は、新たに建設される鉄道を「広軌幹線」

と呼んでいたようだが、マスコミがこれを「弾丸列車」と形容した。そして、誰にもわかりやすい言葉が定着したのだった。

計画には、東京と下関の間に１４３５㎜軌間の新線を建設し、最高２００㎞／ｈ運転を行って、全線を９時間で結ぶということが掲げられた。そして、東京から下関まで大雑把なルートが定められ、駅の設置場所も決められた。車両の設計も始まり、弾丸列車用として設計された車両には、これが広軌（１４３５㎜軌間）であることを示すべく、形式名の頭文字にＨの１文字が付け加えられている。車両は電気機関車だけでなく、蒸気機関車も設計されており、これは、電化路線は敵国からの攻撃を受けやすいという軍部の判断が働いたものといわれる。その後に起こった戦争で、日本の鉄道は電化、非電化の区別などなく、壊滅的な打撃を受けることになるわけだが、そのような限られた情報での間違った判断が、いくらでも横行してしまうのが、日本の社会でもあった。

そして、工事も着工され、神奈川県の西部で、実際にトンネルの掘削が進められたのである。

しかし、弾丸列車計画は、ここでとん挫してしまう。それはいうまでもなく、太平洋戦争の泥濘化によるものだった。新しい鉄道などを建設する余力が、日本になくなったのである。

もしも、この計画が中断されることなく続けられていたら、日本の鉄道はどうなっていただろう？いかに１４３５㎜幅の線路を敷設したとしても、当時の技術で２００㎞／ｈで走る鉄道を完成させられたかは判断が難しい、というよりも、想定通りの鉄道を作ることは恐らく不可能であったように見受けられる。弾丸列車の発展形とも捉えられる東海道新幹線は、昭和30年代の技術を駆使して建設されたが、台車の問題、集電装置の問題、客室の気密構造の問題など、解決策を見出すのに多大な時間が要されたのである。もちろん、長大トンネルの掘削もできなかったことだろう。「弾丸列車計画」が立案された時点で、日本はすでに大陸を舞台として戦争状態に入っており、国を挙げて高速鉄道を建設する余力はなかったのである。

「弾丸列車」計画によって、一部が掘削されたトンネルは、それから20年近くが経過して東海道新幹線に転用され、それは5年半という短い工期での東海道新幹線の完成に寄与しているが、「弾丸列車計画」が残したものはそれだけだった。戦前の「良き時代」に続けられた列車速度向上への数々の試みは、結局は戦争によって、一度その歩みを止めてしまったのだった。

第3章　戦前の鉄道、海外の模倣

納涼列車、2階建て電車の試作

「豪華列車」とは何か？　これを造りの良い調度品で室内が埋め尽くされた列車、という風に定義すると、日本を見ても世界を見ても、さほど数が多いというわけではないが、乗っていて楽しい、乗客に満足を与えることができる列車という風に定義すると、その裾野はずいぶんと広がってくるようだ。そのような列車は、日本の鉄道に「燕」や「P－6」が運転され始めた時代からあちこちで走っていて、乗客に鉄道の楽しさを伝えるのにひと役買っている。そんな列車、鉄道車両にも目を向けてみよう。

展望車というと、国鉄特急の最後尾を締める贅沢な造りの車両というイメージが強いが、戦前の地方私鉄にも展望車を名乗る車両が運転され、利用客を喜ばせている。

現在は湊川～有馬温泉・三田間などを結んでいる神戸電鉄は、1928（昭和3）年11月28日に湊川～電鉄有馬（現・有馬温泉）間を開業させた神戸有馬電気鉄道を前身としているが、全長20㎞あまりのこの私鉄は、開業の翌年には展望車テン1形を就役させ、乗客サービスの一環としている。今日でこそ通勤路線の色合いも濃い神戸電鉄だが、元々は有馬温泉への観光客輸送を主眼にして建設された路線であり、開業翌年には観光色の強い車両を導入しているところにも、この路線の性格が窺える。テン1形は1両のみが製作された付随車（モーターが取り付けられておらず、他の車両に挟まれて運転される）で、車体は腰回りを平板で囲い、支柱を建てて屋根を支えた、今日でいうところのトロッコ車両のイメージに近い車両だった。

登場年の春の花見のシーズンから運転が始められたといい、1日2往復の運転。側面は開放式で、雨が降り込むこともあり、雨天の日は運休となったが、天候が急変した時には乗客から苦情も出たという。しかし、そこは物見高く、遊び心を多分に有している関西人のことである。悪天候が予想される時には他の車両に乗れば良いだけの話だから、苦情をいうのも関西人の生活のリズムのうち、というところだったかもしれない。もっとも、この翌年には側面がガラス張りへと改造されているから、会社の側も苦情を真摯に受け止めていたのだろう。テン1形は1944（昭和19）年には、下回りを活かす形で通常の運転台付き車両に改造されている。当時の輸送力不足が想像できる方策ではあるが、今日であれば、「雨の日は濡れるの承知」で乗車券を発売すれば、利用客の理解を得られるかもしれない。

同じ意匠の車両は、神奈川県を走る江ノ島電鉄などでも導入されている。江ノ島電鉄の納涼電車は1931（昭和6）年から夏季に運転され、当初から納涼電車として製作された車両もあった。この電車では側面の窓を撤去して風を受けながら走ることができ、好評を得たという。

藤沢と鎌倉を結ぶ全長10・0㎞のこの小私鉄は、古く1900（明治33）年に設立されたという伝統ある会社で、開業以来、鎌倉付近と藤沢付近を除いてほとんど路線変更がなされていないことが特徴で、昭和初期の海岸線を走る電車の乗り心地はいかばかりだったろう。幾度も廃線の危機に瀕しながらその都度それを乗り越え、今日では渋滞のない乗り物として、湘南の風景に不可欠の存在となっている。そんな鉄道に1両だけでも、今も納涼電車が運転されていても良いような気がする。

2階建て車両のルーツは路面電車から

鉄道車両を豪華に仕立てる方策の一つに、2階建て方式の採用がある。客室を2層とすることで、さまざまな設備を設けることができ、あるいは定員を増やし、2階席からの良好な展望を提供することで、鉄道旅行の楽しさも倍加することができる。

もちろん、デメリットもいくつかあり、車両の重量を増加させ、重心も高くしてしまうこと、客室のクリアランスが限られたものとなり、乗客に圧迫感を与える可能性があること、車両を通り抜ける際にはどうしても障壁が生じてしまうこと、保守にも手間が増えること、乗降に時間がかかることなどで、だからこそ、すべての車両が2階建てにはならないということである。したがって、乗降に時間がかかっても、1ランク上の居住性や、2階席からの眺望を得るために製作されることが多いのが2階建て車両で、わが国の鉄道に登場した2階建て車両は、観光色の強い列車に充当される機会が多いようである。

わが国の鉄道で初めての2階建て車両は、古く明治時代に登場した。1904（明治37）年7月7日に、大阪市交通局に登場した5号形電車がそれで、屋上の集電装置（当時はポール）を取り囲むようにして、2階席が設けられた。他にはない独創的なスタイルの電車は、たちまちのうちに大阪名物となり、「魚釣り電車」、「納涼電車」、「観月電車」などの愛称が贈られている。ただし、沿線の住民からは、「部屋を覗かれる」という苦情が寄せられたようであり、2階建て路面電車が使用された期間は短かった。部屋を覗かれるという心配は、現代のモノレールや、新交通にも課せられる課題となるが、現代でもロンドンでは2階建てバスが走り、町の名物となっているのだから、要は地域とのコンセンサスをどのように得るかということなのかもしれない。部屋の窓の外を走るのは高架の鉄道だって同じなのだから住民の心構えにもよるのだろうが、確かに、ある日突然、2階の部屋のすぐ外を人が通り過ぎるようになったら、それは住民だって心穏やかではないだろう。5号形電車は、今は1両が大阪市交通局の市電保存館で、復元保存されている。

一方、平屋構造でありながら、豪華な内装を誇った路面電車が運転されていたのが神戸市電で、1935（昭和10）年に登場した700形は、室内には転換式のクロスシートが並び、室内照明には、すずらんの花を思わせるガラスカバーの付いた電灯が用いられた。

そんな上質な客室設備を備えていたことから、700形には「ロマンスカー」の愛称もつき、他の車とは異なるグリーンとベージュのツートンカラーの車体とも相まって、たちまちのうちに神戸市電を代表する車両となり、その名前が広く知れわたったのである。やがて、日本が戦時を迎えると、輸送力の劣る700形は通常の座席に改造されてしまうが、これも戦争によって失われた文化の一つということになるだろうか。神戸市電700形も、今は1両が神戸市営地下鉄名谷車両基地で、往年の姿を復元した上で保存されている。

短命に終わった日本初のシャワー付き車両

神戸市電に700形「ロマンスカー」が登場した同じ1935（昭和10）年には、日本を代表する長距離特急にも、画期的なサービスが登場した。マイネ37 130へのシャワーの取り付けである。

マイネ37 100形は1930（昭和5）年から5両のみが製作された1等寝台車で、2人用コンパートメント3室、4人用個室2室と、2人用の貴賓室のみが設置された、当時の最高水準の車両だった。そしてこのうちの1両マイネ37 130を改造して、シャワー室が設置されたのである。

シャワー室の設置は、当時の鉄道大臣である内田信也の発案によるものとされ、7月15日から、当時の最高の列車とされていた特急「富士」に連結されて営業運転が始められたが、改造されたのは1両のみで、そうすると運用に入るのは4日に1日のみということになり、また1・2等の乗客専用とされたことから、利用者は極端に少なく、結局は9月20日発の列車をもって、シャワー室の営業は取りやめになってしまった。

この画期的ともいえるサービスは、結局は1人の大臣の思い付きで進められ、具体的な運用の計画や、採算性の検討などが行われていなかった節もあり、朝露のようなはかない運命を辿ったのである。それでも多数の利用客があったなら、さらに車両が増備されることがあったのかもしれないが、当時の日本人が、入浴に際しては湯舟を使うのが当たり前で、欧米では標準的なスタイルとなっているシャワーが、まだ日本には普及していなかったということも巡り合わせというものだった。

それから遥かに時代が下った後に、日本の鉄道にシャワーが復活するが、それは1988（昭和63）年3月に運転を開始した特急「北斗星」においてのことで、シャワー付きマイネ37 130が運転を開始した53年後のことであった。特急「富士」へのシャワーの組み込みは、時期尚早というにもあまりにも早いフライングだったといえそうだ。それにしても、利用率が低かったとはいえ、製作されたのは1両のみで、その後の増備も行われず、約2か月で止めてしまったのだから、この方策は大臣の独断専行であったのかもしれず、鉄道のサービスを語る上では淋しい出来事となってしまった。

ちなみに、この時代の特急「富士」は荷物車1両を含む12両編成で運転されており、このうちの6両が1等車、または2等車で、3等車は4両、食堂車が1両という内訳だったから、絢爛豪華とでも呼ぶべき列車だった。もっとも、豪華とはいっても、当時の鉄道車両の内装は、木を用いて製作していることもあって1等でも3等でも大差はなく、それゆえに1等車の利用が少なかったという指摘もある。展望車に置かれたイスは当然、当時の最高技術によるものであったが、残されていたイスが昭和末期まで、国鉄の事務室などで使用されていた例があり、その座り心地は硬さの感じられるものだった。

それでも、戦前の国鉄で運転されていた特急といえば「富士」、「櫻」、「燕」、「臨時燕」、「鷗」のみで、いずれもが東海道本線、山陽本線を走るのみである。この両幹線以外の路線に特急が走るのは、1958（昭和33）年10月1日に、常磐線、東北本線に「はつかり」が登場した時からのことである。

戦前の特急列車は、それだけ特別な存在だったのである。

改良が続けられた客車

昭和に入って以降の日本の鉄道は、戦争が本格化するまで、さまざまな改良を続けていた。殊に電気機関車の技術発達は著しく、１９４０（昭和15）年に誕生したＥＦ57形は、当時の世界のトップクラスにあった機関車といわれている。その背景には、日本には化石燃料が乏しかったことから、電車、電気機関車の開発が積極的に進められたことがあり、国鉄と各メーカーが協力して、技術の発展と情報の共有に努めた。その一方で、化石燃料を使用して動く車両、すなわち、ディーゼルカー、ディーゼル機関車などについては技術開発が遅れる傾向にあり、その傾向は今日においても払拭されないままにあるようだ。

この当時、旅客列車の主役を務めていたのは客車である。この時代に新技術の核となったのは、車体の鋼製化で、国鉄では初の本格的な鋼製客車シリーズとなるオハ31系が、１９２７（昭和２）年に登場した。大正末期に連続した脱線事故では、車両が脱線転覆した際に木製の車体が四散し、それが被害を大きくした事例もあって、車両の鋼製化が急がれたのだった。オハ31系は総計でおよそ１１００両が製作され、この時代の一大勢力となっている。

オハ31系に続いて量産された客車がスハ32系のグループで、この系列では屋根を、それまでのダブルルーフ（屋根を2段の構造にすることによって上段の屋根の側面に明かり取りの窓を設けることができる）からシングルルーフ（現代の鉄道でも一般的な構造の屋根。ダブルルーフに比較して、構造がシンプルであることから、軽量化など多くのメリットがある）への変更が行われ、さらにこれに続いて登場したオハ35系のグループでは、側窓の左右寸法が１０００㎜という大きなものになり、以後のスタンダードとなっていく。窓の大型化がなされたのは、ガラスの製造技術の進歩によるところが大きかった。

現代の鉄道車両には標準的に装備されているクーラーについては、営業車両で使用開始されたのは１９３６（昭和11）年のことで、まず私鉄の南海鉄道が自社のクハ２８０２に搭載し、これよりもわずかに遅れて、国鉄が特急「燕」に連結する食堂車マシ37　８５０形に搭載した。

ただ、国鉄が客車に搭載した冷房装置は、床下に搭載した車軸発電機からの給電を受けて稼働するもので、車軸発電機とは走行中の車輪の動きを、プーリーを使って発電機に伝え、回転力を使って24Ｖの電力を起こすというものだった。今日では見る機会が少なくなりつつあるが、かつては自転車のライト用として車輪に取り付けられていた小さな発電機と、原理は同じものである。客車の車軸発電機で生み出された電力は、空調だけでなく、車内照明にも使われたが、もとより生み出される電力は小さく、途中に蓄電池が介されているとはいえ、列車の停車中と走行時では供給される電力量に差があることから、電気品の能力をフルに引き出すことはできなかった。客車が豊富な電力を得られるようになるのは、時代が昭和30年代に入ってから後のこととなる。

この時代までの日本の鉄道は、左側通行などの鉄道のシステムから、車両製作の技術、さらにはサービスのスタイルまで、ほとんどすべての技術が海外の鉄道からの輸入、あるいは模倣によって賄われていたのである。そしてわずかに電気機関車の製造技術などに、海外の技術に頼らなくてもよいものも現れ始めてはいたのだが、それも太平洋戦争の勃発によって、完全な停滞の時期を迎えてしまう。戦争が日本の社会に与えた傷は、あまりにも深かったのである。

海外に学んだ鉄道のサービス

明治の日本の鉄道がイギリスから車両とシステムを学んで発達したように、戦前までの日本の鉄道には、車両も、列車を動かすシステムも、あるいは乗客サービスも独自のものが乏しく、その多くを海外の事例に学んで採り入れた。それは当然のことで、そもそも時代が明治になるまでは、日本には近代的な交通機関は皆無だったのである。江戸幕府は、軍事クーデターの発生を恐れて、陸上交通を極端に制限した。街道に関所を求めて人の通行を監視し、街道を広げることをしなかった。その結果として、人の交流は乏しいものとなり、地域は閉鎖的な社会を作り、方言が発達した。

時代が明治になって、地域間の垣根が取り払われたが、黎明期の鉄道の輸送需要は決して高いものとはならず、多くの鉄道が困難な経営を強いられた。それは当然のことで、そもそも日本には、人が地域間を往来する必要のない社会が出来上がっていたのである。

そのような状況であったから、明治、大正、昭和初期の鉄道は、さまざまなノウハウを海外から学ばなければならず、山陽鉄道が食堂車や寝台車を運転するために、若手社員を続々と海外に出張させたという事例が生まれたのだった。

現在はＪＴＢへと発展した公益財団法人の日本交通公社の前身となる「ジャパン・ツーリスト・ビューロー（＝Japan Tourist Bureau）が創立されたのは古く、１９１２（明治45）年3月12日のことで、まだこの時点では任意団体に過ぎなかったものの、この組織は国民のリゾートの在り方を探る研究機関の色合いの濃いものであった。設立に力を注いだのは、鉄道院に籍を置いていたことのある木下淑夫で、木下は自らの留学経験を生かして、ともすると閉鎖的だった鉄道院の組織を開いたものへと改め、外国人を職員として採用し、外国語学校の卒業生も採用した。ＰＲのための印刷物も多数発行して、それまでは官僚的な気質が濃かった国有鉄道の組織に民間企業を思わせる活力を与えている。また、定期刊行物としての「時刻表」の出版にも尽力し、「時刻表」はその後長く「隠れたベストセラー」として、鉄道好き、旅行好きの人のバイブルとなるのである。

古い組織、習慣がその姿をドラスティックに変える時、それは大勢が雁首揃えて行った会議の結果が反映されるのではなく、より広い視野を備えた1人の人間が強いリーダーシップによって、半ば強引に姿を変えてしまうことが少なくないが、明治、大正、昭和初期の鉄道も、こうした先見の明を得ていた人の手によって変えられていったということだろうか。このような、先例や組織の保全にとらわれない人たちの活躍によって、鉄道は時代の先端を走り続けていたのである。

ちなみに木下が工学の学生だった時代に実習に赴いたのは、現在の嵯峨野観光鉄道となっている路線の建設現場であったという。峡谷沿いに線路を伸ばすこの路線の建設は、当時としては難工事であったに違いなく、そのことも気鋭の学生の目には、魅力的に映っていたのかもしれない。

技術者の夢をかなえた満鉄の特急「あじあ」

明治の初めから昭和初期までの間に培われた技術を集大成する列車の運転が開始されたのは、1934（昭和9）年11月1日のことであった。舞台となったのは大陸の鉄道、すなわち南満州鉄道で、この日から運転が開始された特急「あじあ」は、大連と新京の間およそ700㎞を、8時間30分で結んだ。

南満州鉄道（満鉄）は日露戦争後の1906（明治39）年に設立された国策会社で、戦勝によって譲渡された鉄道を運営する鉄道事業を本分としながらも、炭鉱経営や、牧畜業、電力供給、ホテル業など、さまざまな事業を展開した。特急「あじあ」が運転されたのは、同社の本線とでも呼ぶべき区間で、運転区間は翌年9月1日からは大連〜哈爾濱《ハルビン》間に拡大されている。特急「あじあ」は、この鉄道の看板列車となるべく、1933（昭和8）年8月から開発が始められた。

南満州鉄道は、鉄道技術者にとって、自分の夢をかなえるのに好適な場所と目されていた。それはこの鉄道が1435㎜軌間を有していたことにあり、1067㎜軌間を標準とする日本の鉄道では実現が不可能な、高い規格での車両開発、運転計画の展開ができることが明らかだったのである。「あじあ」は主にパシナ形蒸気機関車がけん引を務め、最高速度は130km／h。全区間の平均速度も80km／hを超えていたといい、これは現代の在来線特急と比較しても遜色がない。

列車の先頭に立つパシナ形蒸気機関車は、流線形の車体を備え、最高で150km／h近い速度が出せるよう設計された。

そして、編成はこの列車専用として開発された客車6両で、昼行の列車なので寝台車の連結はなく、食堂車1両が組み込まれていた。内装は当時の最高水準をゆく豪華なものであったことはもちろん、当初から全車に冷房装置が搭載されていたことも特筆に値する。当時の鉄道車両が冷房装置を搭載することは異例中の異例とでもいうべき方策だったのである。

そして、「あじあ」の食堂車ではオリジナルのカクテルが用意され、現地採用ロシア人ウェイトレスが給仕を務めた。そんなサービスのスタイルにも、この列車に託した日本人の夢が垣間見える。大連と哈爾濱を結ぶ線路は、ひとたび都市部を抜ければあとは果てしなく続く荒野の中を延びる。中国東北部の気候は日本のように穏やかではなく、夏の暑さも、冬の寒さも厳しい。そのような土地の中を走る「あじあ」は、新天地に賭ける人たちの、夢を乗せて走る列車だったのである。

この会社の初代総裁を務めたのは、政治家、官僚、医師としても活躍した後藤新平で、後藤の手腕を頼って同社に籍を置いた日本人も多かった。その中には、当時を代表する鉄道技術者であった島安次郎や、後に国鉄総裁を務めることになる十河信二もいた。しかし、そんな南満州鉄道も、日本の敗戦によって姿を消す。鉄道は中国鉄路局に引き渡され、会社も清算された。清算手続きが完了したのは、1957（昭和32）年4月13日のことであった。

第4章　戦災からの復興期

進駐軍専用車の登場と、その後

日本中を巻き込んだ太平洋戦争は、1945（昭和20）年8月15日に終わった。昭和初期に大陸で始まった戦乱の時代は、およそ14年という時間を費やして終わったのである。

国内の鉄道でも戦争、特に空襲による被害は大きく、国有鉄道の機関車は891両、客車は2228両、電車は563両が破壊された。そのほか、私鉄、人的な損失も大きく、文字通り日本の鉄道は壊滅的な状況に追い込まれたのだった。

終戦の日にも、東京ではいつものように電車が動き、それは人々に驚きと希望を与えたが、しかし、この時代に設備の豪華な車両を作る余力は、日本にはなかった。

そのような中でも、豪華な設備を備えた列車の運転が始められた。しかしそれは、日本人向けのものではなく、進駐軍、すなわち終戦後の日本を統治するために連合国軍側から派遣されたスタッフの専用列車として運転されたものだった。

専用列車は主に2種類の方式によって運転され、それは専用車両を定期列車に連結するものと、丸々一列車を専用列車とするもので、前車は東京や大阪の国電区間などで多く運転され、編成中の1両、または1両の半室を専用とし、後者は、戦後に生き残った車両の中から程度の良いものを接収して、再整備の上、専用列車を組成した。専用列車には、東京〜博多間運転の1001・1002列車が

「Dixie Limited」、東京〜門司間運転の1005・1006列車が「Allied Limited」、上野〜札幌間運転の1201・1202列車が「Yankee Limited」という具合に愛称名が付けられ、定期運行を行い、英文による時刻表（簡単なパンフレット様式のものであったが）も作成された。これはもちろん、進駐軍スタッフ向けのもので、時刻表の作成担当者は、英文のスペルの正確性を保つことにも苦労があったという。今日とは異なり、庶民が英文に触れる機会は稀で、辞書すら満足にない時代のことである。愛称名は列車だけでなく、車両個々に与えられたものもあり、マニ3215が「Washington」、マイネフ382が「New York」という具合に地名に因んだものが多かったが、オロ319が「Saratoga」という具合に、大戦中の空母を連想させるものもあった。この愛称名は非常に数多くの車両に使用されており、それが連合軍の使用者の側にどこまで浸透していたのかは解らない。

連合軍の専用車両には車体の側面に太い白帯が巻かれ、可能な限りに美しく整備された車両は、もちろん日本人は利用することはできず、まだ日本人向けの鉄道が混乱を極めていた中を颯爽と走る姿は、日本国民には改めて惨めさを味わわせたようであった。

こうして戦後初めて登場した豪華列車は、当時の日本人には縁のない存在とはなったが、東武鉄道では進駐軍の要請によって浅草〜東武日光間で1948（昭和23）年6月11日から運転が開始された専用特急が、同年の8月6日からは日本人の乗車も認めるようになるなど、いくつかのプロジェクトが戦後日本の復興を加速させる一面があったことも間違いのないところだった。連合国軍最高司令官総司令部（General Head Quarters＝GHQ）の下に置かれた鉄道司令部（RTO）による日本の鉄道の管轄は1952（昭和27）年3月末まで続いた。その後、4月28日にはサンフランシスコ平和条約が発効して、連合軍による占領が終了し、日本は完全な独立国としての、新たな歩みを始めることになる。

特ロの時代

こうして連合国軍最高司令官総司令部と鉄道司令部による、日本の鉄道の統治は終わったが、まだサンフランシスコ平和条約が発効する前に実施された施策が、形を変えてその後の日本の鉄道に継承された例もあった。

1950（昭和25）年に国鉄は、連合国軍最高司令官総司令部の下にあった連合軍総司令部民間運輸局（Civil Transportation Section＝CTS）の指示によって、日本の客車で初めてリクライニングシートを取り付けたスロ60形を製作した。これは外国人観光客の利用を考えてのもので、それまでの日本の客車の居住性が、アメリカ本国にある客車と比較して著しく劣るものと判断されての処置だった。

スロ60形は旧形木造客車の台枠を流用して、鋼製の車体を新製して乗せるという形で製作されたことから60系グループを名乗ることになったが、優等列車に組み込まれる予定の車両であることから、製作には丁寧な工作がなされ、従来の2等車を凌駕する居住性が提供された。リクライニングシートの製作には小糸製作所が携わった。

完成したスロ60形は、従来の２等車からは格上のものとなる居住性が確保されたことから、国鉄はこれを１等車として運転したいと考えたが、これは連合軍総司令部側が認めず、やむを得ない措置として、特別２等車（特ロ）という等級が立ち上げられ、利用に際しては特別２等料金が徴収された。スロ60形は、１９５０（昭和25）年４月１日から特急「つばめ」に組み込まれて使用が開始される予定だったが、実際には必要とされる車両数を準備することができず、実際の営業運転が開始されたのは、４月11日のこととなった。

それまでの２等車には、３等車の上をゆく居住性は備えられてはいたものの、リクライニングシートという、日本の鉄道車両にはなかった装備を搭載した特別２等車は好評で、国鉄は特別２等車の増備と、運用範囲の拡大を図る。

しかし、特別２等車が急行列車にも連結されるようになると、やはり従来の車両との格差が生じてしまうことから、国鉄は特別２等車を指定席車両として、従来の２等車を自由席車両として運行する方策を採った。すると当時の座席指定料金は最大で１００円という規則が定まっていたことから、格安で利用できる特別２等車は、たちまちのうちに人気の的となったのである。

連合軍総司令部の思惑も絡んで生まれた特別２等車は、複雑な料金体系を生じさせ、急遽改造によって製作された２等車には、いくつもの派生形式を生み出した。これもまた、歴史の端境に生まれたエポックということになるのだろうか。特別２等車の制度は１９５８（昭和33）年まで続けられた後に廃止され、今日ではリクライニングシートは、優等列車に不可欠の装置と捉えられている。

湘南電車登場

戦前には東武鉄道や参宮急行電鉄で運転される程度であった電車を使用した長距離運転の列車は、戦後になって一気に運転本数を増やしていく。先にも記したように、電車は振動、騒音が大きく、長時間の乗車には適していないと目されていたことがその理由で、しかし、徐々に電車製作の技術が進歩していったことで、そのデメリットが解消されていったのである。

国鉄がそれまでにない電車使用の長距離列車の運転を始めたのは1950（昭和25）年3月1日のことで、東京～伊東・沼津間で電車列車の運転が開始された。国鉄の部内では、東京から伊豆方面に向かう列車に対して「湘南列車」という呼び名を与えて、静岡、名古屋方面に向かう列車との区別をしていたが、この列車が電車に置き換えられたことから、自然と「湘南電車」という名前が生まれた。

使用車両は80系と呼ばれる電車で、この系列は性能的には純然たる旧形に属するグループであったが、それまでの電車とは異なる意匠が持ち込まれていた。

その一つが長距離運転に向く車両構造を採用したことで、通勤用の電車は1両に3か所程度の側扉を設け、それを車両の中寄りに均等に配置することで、乗客の出入りをスムースにしていたが、80系では扉を車端部に設け、扉付近にはデッキを併設した。この構造は客車と同様のものであったが、この措置によって客室に侵入する騒音を減少させ、客室内の保温にも役立てている。また、長距離を走ることが前提であるから、車端部にはトイレも設置されているが、この出入口も客室ではなく、デッキ向きに扉を設置して、客室の居住性を高めている。

それからもう一つ、「湘南電車」が利用客にインパクトを与えたのが、車体に用いられた明るい塗装だった。それはオレンジと緑による塗り分けで、汚れが目立つことがないようこげ茶色に塗られていたそれまでの電車からの大きな飛躍を印象付けたのである。

この塗分けは、80系の開発にも携わった当時の国鉄工作局長の島秀雄（戦前のエンジニア島安次郎の子息）の発案によるもので、アメリカの鉄道車両のカラーリングにヒントを得たものであったという。いつの頃からか、この塗分けには「湘南地方に多く生えるミカンの実と、その葉の色にちなんだもの」という「間違った解釈」が流布《るふ》されるようになるのだが、その解釈も、この電車にはぴったりとマッチしているようだった。

営業運転が開始された直後には、乗り物には付き物の初期故障が頻発したことから、「遭難電車」とも揶揄されることになる80系だが、電車による長距離運転の成功は国鉄の技術者にも大きな自信を与え、以後、日本の鉄道は電車を中心にして発達を続けていくことになる。

その中心になったのが他ならぬ島秀雄で、彼は「東海道本線の全線電化が完成した時には、そこにどのような列車を動かそうか」と常に考えていたという。この翌年に起こった「桜木町事故」を引責して、島は一度国鉄を去ることになるのだが、けれども、島のこの夢は、後に見事な形で結実することになる。

客車軽量化への挑戦

一般に、鉄道車両は車体を堅牢に作ろうとするほど、車体重量は増加する。それは当然のことで、太い鋼材を多用すればそれに比例して重量が増加するから、安全な運行に必要とされる強度を確保しながらの車両の軽量化推進は、技術者にとっての腕の見せ所ということになる。

もっとも、鉄道車両の開発途上においてはこの考え方はなく、まずは車体強度の確保が優先された。しかし、車両を軽く作ることには、多くのメリットがある。機関車が引くことができる重量には限界があるから、車両を軽く作ることができれば、一つの列車に連結できる車両の数を増やすことができ、それは輸送力の増強に繋がる。列車が通過すると、線路は多かれ少なかれ（それは目には見えないほどのものではあるが）傷みが生じるものだが、車両が軽く作ってあれば、線路にかかる負荷も小さなものとなり、これも安全運行や、コストダウンに繋げることができる。こうして鉄道車両の軽量化は、鉄道技術者にとっての大切なテーマとなったのである。

昭和初期の鉄道車両は鋼製で、すなわち鉄を使用して製作することが標準となった。しかし、時代が昭和30年代を迎える頃になると、先に述べた理由によって、車両を軽く作ることが求められるようになった。今日では、車両の軽量化には、ステンレス、あるいはアルミニウムといった軽金属を使用することが効率的とされ、これらの軽金属には、車体を無塗装化できるというアドバンテージもある。

しかし、戦争の終結からまだ10年程度が経過しただけのこの時代には、軽金属を使用しての車体軽量化は実現しておらず、それは車体構造の見直しによって行われたのである。

この時に注目されたのが張殻構造といわれる方式で、従来は車両の下部に太い台枠を設け、これを基礎にして車体を乗せるという考え方が一般的だった。しかし、この台枠は重量のかさむものであり、車体の軽量化とは無縁の存在だった。張殻構造の車体は、この台枠を廃止して、屋根までを含めた車体全体で、車体にかかる負荷を分散させる形で負担する。元々は、航空機の機体製造技術として発達した工法であったが、これを応用した鉄道車両が作られるようになったのが、この時代のことだった。国鉄の技術者が欧米に視察に出かけてさまざまな情報、技術を持ち帰った時代に、張殻構造の車体製作技術はヨーロッパ、特にスイスの客車のものが、日本の鉄道車両に応用された。

こうして、国鉄が１９５５（昭和30）年から製作を始めたグループが10系と総称される客車のグループで、最新の技術を採用して製作されたこの系列では、ヨーロッパ直伝とも形容したくなる側面の大きな窓も、新鮮な印象を与えるものとなった。

10系客車は、安定した成績を収めて量産が続き、登場後間もない寝台特急に組み込まれたほか、この技術をさらに発展させて、国鉄を代表する寝台客車を生み出すことになる。

１９３０（昭和５）年に特急「燕」の運転が開始された時には、この列車には展望車が連結されることはなかった。それは高速運転を指向したこの列車が、重量はかさみながら、定員は少ない車両の連結を見送ったためだった。しかし、現代においては、特急列車がその重量によって設備をスポイルさせることはなく、乗客は均等にサービスを受けることができる。車両製作技術の進歩が、サービスの充実にも繋がっている。

張殻構造の実用化は、電車のスタイルをも変えた。鉄道車両はそれまでの角ばったスタイルから、必要に応じて丸味を帯びるものとなり、それは鉄道車両の近代化を思わせるものとなった。例えば、この時代に製作された東急5000系には、丸味を帯びた先頭部のスタイリングと明るい緑色の車体色から「青ガエル」というニックネームが付けられ、やはり同じ時代の東急200形（今はなき玉川線＝道玄坂の上に敷設されていた路面電車）にはこちらも丸味のある先頭部の形にちなんで「ペコちゃん」というニックネームが付けられた。どちらも、ユーモラスで親しみの持てる呼び名である。

電車駆動システムの改良

昭和20年代後半から30年代初頭にかけての、車両製作技術の進歩の中核になったのが、車体の軽量化と、電車の駆動システムの改良だった。

電車は、架線などから取り入れた電力を使ってモーターを回し、この回転力を車輪に伝達して走る。モーターと車輪をどのような形で繋ぐかが車両の性能に大きく関わってくる。旧式の電車ではモーターと車輪を直接歯車を介して繋ぎ、これはツリカケ式駆動装置とも呼ばれるが、この方式は構造はシンプルだが、モーターの音や、歯車、車輪からの振動が直接的に車内に伝わってくるという欠点がある。

この欠点を克服すべく開発された技術の一つがカルダン式駆動と呼ばれるもので、このシステムは簡単にいうならば、モーターと車輪を、ジョイントを介して繋ぐことによって、騒音と振動を軽減させたのである。システム自体は、20世紀初頭にはヨーロッパにおいて開発が進められていたというが、実用化に達したのは１９４０年代のアメリカにおいてで、日本には、１９５０（昭和25）年を過ぎた頃から、主にアメリカのメーカーを経由して技術が導入された。戦争による混乱と、海外との情報交換の断絶によって、電車の発展も遅れたということになる。

日本での本格的な研究は１９５１（昭和26）年頃から開始され、１９５３（昭和28）年３月には東武鉄道が５７００系を、同年７月には京阪電気鉄道が１８００系を、共にカルダン駆動を採用して竣工させた。どちらの形式も特急用として製作され、東武５７００系は日光への観光客輸送でしのぎを削る国鉄との競争に勝つべく製作された車両だった。残念なことにこの形式で採用された初期のカルダン駆動は信頼性が低かったことから、営業運転の開始後に駆動方式を旧来のツリカケ式に戻してしまうという顚末がありはするのだが、それでも技術の蓄積がなされたことは間違いがなく、騒音、振動の少ないこの方式が、以後の日本の電車の標準となっていく。

もちろん、国鉄でもカルダン駆動の研究は進められており、それは１９５７（昭和32）年12月に営業運転を開始したモハ90形（後の１０１系）で実用化に達した。モハ90形は、駆動装置だけでなく、両開き式の扉など、随所に新機軸を採用してこれを成功させ、それまでの常識を覆す明るいオレンジ色の車体を採用したことでも注目された。その明るいオレンジ色は、以後もモハ90形が走った中央線の電車に継承され、今日でも中央線のラインカラーとして定着している。

そして、このモハ90形と同じ駆動装置を採用して、昭和30年代の初頭には東海道本線を走る特急型電車が製作されることになる。軽量構造の車体や、カルダン駆動装置の開発が、日本の鉄道の姿を近代的なものへと変えていったのだった。

特急専用車なき時代の奮闘

そんな車両技術発達の時代の乗客サービスの一つを見てみよう。

戦前に新宿〜小田原間ノンストップ運転の「週末温泉急行」の運転を行っていた小田急は、戦後の1948（昭和23）年10月16日に、新宿〜小田原間ノンストップ特急の運転を再開している。しかし、運転開始直後の乗車率は芳しいものではなく、社員の「サクラ乗車」までが行われたという。まだ、国民には、週末に温泉に出かける余裕はなかったのかもしれない。

この翌年の1949（昭和24）年7月には、待望の特急専用車1910形が登場し、小田急の特急は毎日運転となった。そして8月からは乗客に温かい飲み物を届けるシートサービスが開始され、このサービスは「走る喫茶室」とも形容されて、庶民の憧れの的となった。まだ、町の中には喫茶店など数えるほどしかなく、シートサービスを行っているのは飛行機のみとされ、その飛行機も庶民にとっては、文字通り雲の上の存在だった時代である。小田急「ロマンスカー」でゆく箱根の旅は、今日でいうところのセレブが楽しむ、高級感に溢れた旅とも目されていたのである。

もっとも、乗務員にとっても、このサービスには手間がかかっていたようで、十分な調理器具もない時代のことである。お湯を沸かすために、車内に七輪が持ち込まれていたといい、シートサービスはなかなかの重労働であったのかもしれない。もっとも、それが先端をゆくサービスのスタイルであれば、そこで働く人は大いなる誇りを持って仕事にあたったことだろう。１９５１（昭和26）年２月１日からは、特急専用車として十分な居住性を備えた１７００形の運転が開始され、「小田急ロマンスカー」の名は不動のものとなっていく。

一方、関西の私鉄でも、戦後になって車内サービスが積極的に行われるようになり、

まず特急「あさかぜ」に充当された20系は、それまでの客車にはなかった居住性を備え、車体に塗られた深い青にちなみ「ブルートレイン」という呼び名も生まれた／△

近鉄では1948（昭和23）年7月から車内販売を開始し、これは近鉄の多くの特急で実施されるようになった。近鉄特急では乗客におしぼりを配るサービスも定着しており、近鉄特急を利用した際のルーチンとして親しまれている。

南海電気鉄道では、1951（昭和26）年7月7日から、それまでは単に愛称名付き列車として運転されていた高野線を走る「こうや」号を特急として運転し、この列車には貴賓車として製作されたクハ1900形が連結された。この車両は、1938（昭和13）年7月に1両のみが製作された制御車で、先頭部は曲面ガラス3枚を使用してデザインされた流線形となり、車両中央に設けられた側扉から先頭寄りを展望席、連結面寄りを指定席とする一般客室として、展望席には回転式のイスや、テーブルが設置された。貴賓車として皇室の利用に際して運転されていたが、もちろん、運転の機会は極端に少なかったことから、せっかくの車両を活用する形での運転が行われたということになる。

南海クハ1900形の運転は、後継の特急形車両が誕生したことによって1960（昭和35）年9月に終了しているが、まだ物資や設備が乏しかった時代に運転された1両のみの特別車両は、きっと誰もが一度は乗ってみたいと考える、目に眩しい存在であったに違いない。

第5章　鉄道の黄金期となった昭和30年代

東海道本線全線電化と特急「あさかぜ」

昭和30年代は、日本の鉄道の黄金の時代となった。戦後10年が経過して社会が安定し、戦後になって開発され始めた新技術が、この時代になって実用化の域に達し、さまざまな分野でフィードバックされるようになったのである。

1956（昭和31）年11月19日には東海道本線の全線電化が完成した。当初は20日に予定されていたものが1日早められたのは、19日が月曜日で、ダイヤ改正には好適だったことによる。

この時に行われたダイヤ改正によって東京〜博多間で運転を開始した寝台特急が「あさかぜ」だった。朝を迎えた夜行列車が疾走する風景を連想させる愛称名が贈られたこの列車は、しかしまだ運転が開始された時点では、寄せ集めの車両によって編成され、編成中には新製後間もない10系客車も連結されてはいたものの、その一方で旧形に属する車両も使用されており、見た目に目新しさはなかった。

それよりも、この特急列車が画期的だったのは、関西圏を深夜に通過し、京都、大阪などの主要駅でも一切の客扱いを行わないことにあった。仮に運転の都合での停車はあっても、ドアが開くことはなかったのである。

もちろん、この措置は関西圏からの強い反発を招いた。それまでの東京対九州の列車は、関西圏も利用が可能な時間帯に通過することが常だったからである。しかし、「あさかぜ」の運転ダイヤが変更されることはなかった。首都圏と関西圏の間のおよそ500㎞という距離を勘案すると、そのどちらにも便利な時間帯を走行しようとするならば、それは著しい時間のロスになることが明確だったからである。

「あさかぜ」は首都圏対九州の列車であることを明確にするために、あえて関西圏を深夜に通過して、列車の速達化を図ったのだった。この目論見は一定の成果を上げ、以後、首都圏対九州の寝台特急は関西圏では客扱いを行うことをせず、その代わりに関西対九州の夜行列車が運転されることになったのである。これも時代の進歩だった。そんな「あさかぜ」が、使用車両を変更して面目を一新するのは、それから2年後のことである。

ちなみに、松本清張の代表作である小説『点と線』に登場する「あさかぜ」は、この時代のもので、まだ豪華な設備を有するには至っていない。そんな列車であれ、まだ鉄道利用の長距離旅行を、誰もが気軽にできる時代ではなかったから、ということなのだろう。読者の想像を掻き立て、旅への憧れを倍加させてくれる鉄道ミステリーは、発表後1年を経て、一大ベストセラーとなる。

ここで、こぼれ話をもう一つ。この小説の前半部分の重要なプロットとなる、東京駅の隣のホームからの「あさかぜ」の見通しは、実は作品の発表時には不可能になっていた。このプロットが考え出された時には、清張の担当編集者となっていた岡田喜秋氏が東京駅に出向き、ごくわずかな時間ながら隣の駅からの見通しができることが確認されていたのだが、作品が活字になるまでにダイヤ改正が行われており、「あさかぜ」はホームの反対側に入線し、隣のホームから「あさかぜ」が発着するホームの様子は見ることができなくなってしまったのである。

当然、小説を連載する月刊『旅』の編集部では大問題となったが、最終的にはこれを「作品の上でのもの」と判断して、作品に手を加えることはしなかった。これは大英断というべきだろう。作品発表後の読者からのクレームもなかったようである。

「あさかぜ」よりも注目されていた昼行特急

東海道本線の全線電化が完成した時に注目された列車は、特急「あさかぜ」ではなく、東京〜大阪間を昼行列車として走る、特急「つばめ」と特急「はと」だった。この2つの列車は、まさに対となる存在で、1956（昭和31）年12月の時刻表を見ると、下り「つばめ」の東京発は9時00分、大阪着16時30分、「はと」の東京発12時30分、大阪着20時00分。上り「つばめ」の大阪発は9時00分、東京着16時30分、「はと」の大阪発12時30分、東京着20時00分というダイヤで運転されており、実にすっきりとしている。東京、大阪とも午前発の列車が「つばめ」で、午後発の列車が「はと」である。

使用車両も形式こそ異なっているものの、主体となっているのは優等列車用として製作されたスハ44系客車で、食堂車は新製から間もない10系を充当。そして列車の最後尾には展望車が連結される。展望車は使用する向きが一定であることから、東京、大阪とも、駅の到着後に車両の向きを変えて次の運転に備える必要があったが、それは当然のこととされた。

そして、この時代の大きな特徴となったのが、「つばめ」、「はと」用の客車とも、車体塗色を鮮やかなライトグリーンへと変更したことだった。それは、この列車が走る路線が全線で電化を果たし、もう機関車の吐き出す煙に汚されることがないことをアピールするためだったが、それこそ一夜にして大変身を遂げた姿に、利用客は驚いたことだろう。この時には、「つばめ」、「はと」を牽引するEF58形機関車についても、塗色を同じライトグリーンに改め、その姿は記念切手にも採用されている。

実際には、車体の色が改められたにしても、そのサービス内容に変化があったわけではないのだが、明るい色の採用は、少ない費用で大きな効果があったはずで、この時代以降の鉄道車両のトレンドとなってゆく。すぐにファンは、この明るい塗色に対して「青大将」というニックネームを贈り、蛇に例えられたことを憤慨した国鉄関係者もいたというが、島秀雄は「大将ならいいじゃないか」と笑っていたという。

こうして、特急「つばめ」と「はと」は、東海道本線の2枚看板として、活躍を続けた。東京〜大阪間の所要時間は依然として7時間半を要し、全線が電気機関車の牽引となったとはいえ、在来線客車列車の限界を示していたわけだが、ベテラン乗務員が心づくしのサービスをしていたのが、この時代の特急列車だったのである。

そんな時代のエピソードとして知られたのが、「はと」の乗務員と、沿線の結核療養所の入居者との触れ合いだった。

東海道本線山崎付近で、「はと」に向かって毎日手を振る青年がいた。その存在は「はと」の乗務員に知られるようになり、「はと」の乗務員もまた、列車がその場所を通過するたびに、青年に向かって手を振るようになったのである。その場所は「青葉荘」という療養所で、当時、結核は「不治の病」ともいわれる難病とされていた。青年にとって、毎日疾走する特急列車は憧れの存在だったのだろう。この話は小学校の教科書にも採り上げられて、全国に知られるようになるが、やがて特急は電車化されて、窓も開かないようになる。客車特急「はと」の運転最終日には、乗務員の友情に感謝する看板が療養所に掲げられ、多くの鳩と風船が放たれたのだという。

このようなエピソードは、すべての列車が高速で通過する新幹線の時代には生まれにくい。

「動くホテル」と言われた20系客車

東海道線の全線電化を受ける形で、以後のスタンダードとなるさまざまな車両が営業運転を開始したのは1958（昭和33）年の秋のことであった。

この年のダイヤ改正は、この時代のルーチンに従って10月1日に実施され、このダイヤ改正から、日本を代表する特急形客車の運転が開始される。それは特急「あさかぜ」に充当され、より正確には9月30日の夜から運転が開始された。

新しい客車の形式は20系で、その車体は深い青に塗られていたことから、いつしか「ブルートレイン」と呼ばれるようになる。開発段階では、車体塗色に対してコンペが行われており、打ち合わせの席上には深い緑色とする案も提出されていたという。もし、この案が採用されていたのなら、「ブルートレイン」という愛称名は生まれなかったことだろう。

20系の最大の特徴となったのは、この客車が、それまでの客車とは根本から考え方を変え、ひとつの編成を固定するという考え方に基づいて設計が行われたことだった。それまでの客車は、運転に使用できるものを随時連結するというのが基本的な考え方で、それが客車の車内設備を貧相なものとする一因になっていた。それまでの客車は床下に搭載された車軸発電機によって得られた24Ｖの電力を使用して、車内の照明などを賄っていたから、自ずからそのポテンシャルは限られたものとなっていて、照明は十分に明るいものとはならず、空調機器や、食堂車の調理器具も十分な力を発揮させることはできなかったのである。

しかし、20系客車では、編成を固定して使用することが前提となったことから、車両が使用する電力は編成端に連結された電源車に搭載された発電機から２００Ｖ、60Hzのものが各車に供給されることになり、これで電力の不足に悩まされることはなくなった。

十分な電力が確保されたことから、各車両が冷暖房を完備できるようになり、これで側窓を閉めた状態で固定できるようになった。現代に製作される鉄道車両は、そのほとんどが換気用にわずかな幅を開けることができるほかは固定式となっているが、これも空調設備が完備されるようになったからであり、側窓の固定は、雨水の侵入を防ぎ、車両を長寿命化する効用も備えている。

20系は室内照明に蛍光灯を使用したことでも、利用者を驚かせた。まだ当時の各家庭では白熱灯電球を使うことが当たり前の時代だったのである。そのような時代のことであったから、クーラーなどは夢のまた夢といった存在であり、20系は憧れの存在となって、「ブルートレイン」は、指定券の入手が困難な状態が長く続いたのである。当時の国鉄技術者は、最新鋭の鉄道車両に、国民の生活水準の少し上を行く居住性を与えることを念頭に開発を進めたというが、そんな意気込みがたちまちのうちに伝わったのである。

20系客車には、営業運転に入る前から「動くホテル」、あるいは「走るホテル」という呼び名もつけられた。このどちらが先に使われたのかはよく解らない。すでに20系が運転を開始する前から、新聞広告などに両方の言葉が使われているのである。メーカーにとっても、20系に賭ける期待は大きかったのだろう。

意外と狭かった憧れの「ルーメット」

まず特急「あさかぜ」で運転が開始された20系は、たちまちのうちに人気列車となり、国鉄は20系の増備に追われ、以後長い間、国鉄を代表する客車として、全国を走るようになる。今日の目から見れば「動くホテル」(ここでいうホテルとは、今日のビジネスホテルのようなものではなく、今からひと昔前の、格式ある施設のことを指す)と評された20系も、B寝台のベッドの幅は昔と変わらない

52㎝幅であったし、それは隙間だらけのカーテンで仕切られた3段式のものであったし、洗面所やトイレは共用であったりと、まだまだ物足りなさも感じられる箇所が少なくなかったが、それまでの鉄道車両とは別格の居住性が提供されたのである。

当時の料金を現代の物価と照らし合わせて換算するならば、東京から九州に向かえば、片道でも5万円ほどの費用がかかっていたようだが、それでも列車は満員になったのである。つまり、いつの時代も、乗り物がいちばん大切にするべきは、利用客に夢を与えるということなのかもしれない。20系「ブルートレイン」には、それが備わっていたのである。

そんな20系客車の中でも随一の存在となるのが、1958（昭和33）年に3両のみが製作されたナロネ20形だった。

ナロネ20形は定員18名。1人用個室10室と、2人用個室4室のみが設けられ、車端部には、まだ当時は少なかった洋式のトイレも作られている。

1人用個室は夜間にはベッドとして使用できるソファーを置き、その前に収納式の洗面台をセット。この洗面台は、ミニテーブルとしても利用できるもので、当時は珍しかったコンセントも設けられ、電気カミソリなどに利用できた。座席の真向かいには、鏡と荷棚が作られていた。一方、2人用個室はベッドを2段式とし、壁面に鏡台をセット。2人用個室は間仕切りを取り除くことで、4人用個室としても使用できる構造だった。

ナロネ20形が3両のみしか製作されなかったということは、この形式が一つの列車にしか使用されないということを示し、その列車とは「あさかぜ」で、この時代の「あさかぜ」は荷物車を除く12両編成のうち4両のA寝台車が組み込まれ、その豪華な編成から「殿様列車」という愛称名も生まれている。また、1人用個室には「ルーメット」、2人用個室には「コンパートメント」という呼び名も生まれた。

気になる個室の料金だが、当時は9000円以上が設定されていたといい、大学出身者の初任給が2万円に達していなかった時代のことである。1人用個室は、まさに高嶺の花といった存在だったが、リピーターもいたのだという。

ところで、その個室の乗り心地だが、利用者の証言によれば、現代に作られたコンパートメントに比べるとずいぶんと狭く、必ずしも快適とはいい切れないようだった。それでも車窓風景を独り占めし、他人の目を気にすることもない旅の時間を得られることは貴重だったろう。列車が朝を迎えると、部屋に朝刊が差し込まれるサービスもあって、この設備が当時の最高水準のものであることが示されたのである。利用者にとって、優越感を味わえることも、豪華さのうちとなるだろう。これは昔も今も変わりない。ナロネ20形は1976(昭和51)年に廃車となり形式消滅しているが、昭和30年代、40年代の国鉄の頂点を示す存在となった。

東京~大阪を日帰りとした特急「こだま」

東海道本線の全線電化が完成したら、そこにどのような列車を動かそうか？　そんな自問に対して、国鉄技師長が出した答えは、電車特急の運転だった。すでに記してきたように、誕生時の電車は輸送力が小さく、走行時の騒音、振動も大きかったので、機関車が引く列車に替わって、長距離、大量輸送を行うことは難しいものとされてきた。

しかし、カルダン駆動の誕生や、車内の騒音を防ぐ技術が確立されてきたことで、それまでの不可能が可能になると、これからは電車が主力と考えられるようになっていたのが、昭和30年代の初頭という時代だった。電車による長距離輸送の実現は、何も島1人が考えていたことではなく、国鉄技術陣がさまざまな試験を行い、電車の可能性を確認していったのである。

騒音、振動の問題がクリアーされたなら、電車には機関車の引く列車にはないアドバンテージがいくつもあった。列車が終着駅に着いて折り返す際、機関車牽引の列車であれば、機関車の向きを変え、列車の反対側に走らせて折り返し運転に備えなければならないが、電車であれば単に運転士が編成の反対側の運転台に歩いていけば済み、折り返しが迅速に行える。電車は機関車に比べて運転が簡単なので、運転士の養成に時間がかからず、それはコストダウンにもつながる。動力が複数個所に分散される電車は、レール、道床にかける負担が少なく、車両が軽いことから高加減速化も容易である、など電車には数多くの魅力が備わっていたのである。

そして、国鉄では初めての有料電車特急が、1958（昭和33）年11月1日から運転を開始した。この列車に付けられた愛称名は「こだま」。東京と大阪・神戸の間を走り、東京と大阪の間の所要時間は6時間50分。「こだま」の登場によって、鉄道による東京と大阪の間の日帰りが初めて可能になったのである。実際には「こだま」利用で東京と大阪の間を往復すると、現地での滞在時間は2時間程度となり、実際にこの時間で、どれだけのビジネスができたのかは解らず、行ってすぐ帰って来なければならないことから、「焼香列車」という悪口も叩かれるのだが、やはり列車のスピードというのは、利用客にとって大きな魅力だったのだろう。特急「こだま」の運転が開始されると、実は所要時間にはそれほどの大きな差があるわけではなく、乗り心地では特急「こだま」に遜色がないはずの客車特急「つばめ」、「はと」には閑古鳥が啼くようになったのである。これには、やはり人間は新しい物好きであるという一面と、もちろん出来たばかりの新鋭車両に乗れることの喜び、そして何よりも、この「こだま」に使用される151系電車（登場時の形式名はモハ20形）には、特急「あさかぜ」用20系客車と同様に、空調が備わっていたことが大きかった。

運転が開始された直後の特急「こだま」には、特急列車には不可欠とされていた食堂車の連結はなく、編成中2か所に簡易食堂車の「ビュッフェ」が連結されていたのみであったが、立ち飲みのコーヒーが人気のアイテムになっていたといい、それがハイセンスなライフスタイルの象徴と捉えられていたのだろう。

後には151系にも本格的な食堂車が作られ、特急列車での使用にふさわしい設備が整えられていくのだが、「こだま形」151系の、東海道本線での活躍期間は意外と短いもので終わってしまった。それは花形車両にとっては避けることのできない、宿命のようなものであった。

ともあれ、運転を開始した電車特急「こだま」は大きな成功を収め、これによって日本の鉄道の主役が電車となる時代が訪れたのだった。

新時代の展望車となった「パーラーカー」

運転開始後から好評を得た151系特急に、さらなる魅力がつけ加えられたのは1960（昭和35）年6月1日のことで、このダイヤ改正から151系グループに新たに2形式の新形式車両が加えられた。

その一つが国鉄電車では初めてのものとなる本格的な食堂車サシ151形で、最終的に12両が製作されたこの形式は定員40名。特急「こだま」の運転開始時に製作されたモハシ20形・21形が1両の半室のみを食堂スペースに充て、メニューも軽食と飲み物が中心だった「ビュッフェ」形式とは異なり、本格的な料理が提供されたのである。そして、サシ151形では調理器具をすべて電化し、これも大きな特徴となったのである。

サシ151形と同時期に製作された2等車がクロ151形だった。サシ151形と同様に12両が製作されたこの形式は、東海道・山陽本線を走る特急の下り寄り先頭に連結され、定員は18名。運転台の背後に4人用の個室を設け、この部分の側面には、当時世界最大級といわれた高さ1m、幅2mの大窓が用いられた。そして、出入り台を挟んだ連結面寄りには1人掛けのリクライニングシートを中央に通路を挟む形で1対ずつ、計7列配置して定員14名の開放式1等車としている。

この時のダイヤ改正から、特急「つばめ」と特急「はと」が電車化され、特急「はと」は特急「つばめ」に統合されて2往復体制となり、やはり2往復体制となった特急「こだま」と合わせて、東海道本線を走る昼行特急は4往復体制へと移行したのである。この措置によって、東海道本線を走る昼行の客車特急が姿を消し、長く特急のシンボル的存在であった展望車も姿を消すことになったが、新たに製作された大窓を備えるクロ151形は、客車列車時代の展望車に替わる存在に位置付けられ、新たに「パーラーカー」という呼び名も生まれた。

これも20系客車の「ルーメット」と同様に、当時の4人用個室の印象は、「手狭な印象があり、開放感が味わえるのは、個室よりも、リクライニングシートが並べられた開放室の方だった」という利用者の証言もあるが、採算性にとらわれることなく、その時代の最高水準の車両を東京と大阪の間に動かすという国鉄伝統のコンセプトが、この時代にも受け継がれたのである。

151系特急形電車は総計151両が製作され、国鉄の直流特急形電車を代表するグループとなり、スマートさとボリューム感を兼ね備えたボンネットスタイルは、昭和40年代に製作される交直両用の特急形電車にも継承されるが、東海道本線で特急として運転された期間は短く、それはおよそ6年に過ぎなかった。1964（昭和39）年10月1日に東海道新幹線が開業し、東海道本線を走破する昼行特急が不要になったためであった。

実は、第一線での活躍の期間が思いのほか短いものとなってしまうのは、花形車両の宿命のようなもので、常に最高水準の走行性能と客室設備を求められる車両は、さまざまな競争にさらされ続けることになり、陳腐化も早い。しかも、フルスペックで作られた車両は地方線区に転属してもその能力を発揮できることはなく、そもそも地方の路線には大型の車両が入線できるだけの規格が整えられていないこともあり、フルスペックの車両には、使い回しが可能な汎用性は備わっていないことがほとんどなのである。

持ち場を追われることになった151系は、山陽本線の昼行特急として運転が始められるが、異動後の働きはやや地味な印象のものとなり、わが国随一の豪華な電車に位置付けられていたクロ151形は普通車に改造されてしまった。山陽特急には、東海道本線を走った時のような需要がなかったのである。151系のグループは、最後は改造によって181系を名乗り、その活躍は上越新幹線が開業する前日の1982（昭和57）年11月14日まで続いた。クロ151形が、普通車に改造されてしまったこともあって、日本を代表する豪華車両であった時の姿で保存されなかったことを惜しむ声は今日でも多い。

事故ばっかりだった特急「はつかり」

1958（昭和33）年という年は、特急「あさかぜ」、特急「こだま」が相次いでデビューするなど、日本の鉄道史の中でも特筆すべき年となったが、それから3年後の1961（昭和36）年にも、わが国の鉄道の歴史を語る上で欠かすことのできない、大きな出来事があった。

それは10月1日に行われたダイヤ改正で、この時から全国の多くの路線で特急列車の運転が開始されたのである。それまで、国鉄が運転する特急は、そのほとんどが東海道本線、山陽本線、鹿児島本線を走り、これ以外の路線を走る特急は、わずかに1958（昭和33）年10月10日に運転を開始した常磐線・東北本線を走る「はつかり」のみであったが、この1961（昭和36）年10月ダイヤ改正では、北海道、奥羽、日本海縦貫、山陰、日豊の各地域でも特急列車の運転が開始され、全国での国鉄特急列車の運転本数は、それまでの9往復から26往復へと一気に引き上げられたのである。

このダイヤ改正から、それまでは特急列車の運転とは無縁と思われていた線区でも特急の運転が開始され、今日とは異なるごく粗いものではあったが、全国に特急列車の運転網が形成されたのである。

その立役者となったのが、このダイヤ改正から運転を開始したキハ82系特急形気動車だった。

鉄道車両には、用途に応じてさまざまな性格、性能を有したものが作られるが、わが国で最も発達が遅れていたのが、化石燃料を動力源とする車両、すなわち気動車であり、ディーゼル機関車だった。それは、国内に埋蔵する量がほとんどなく、したがって調達できる量にも限りがある化石燃料を使用する動力の開発に、魅力を感じる技術者が少なかったということに起因するのかもしれない。

それでも、いつまでも非電化区間の運転を蒸気機関車だけに頼るわけにはいかない。ようやくのことで、1953（昭和28）年にはキハ17系とも総称される気動車のグループが誕生し、この系列では走行機器にトルクコンバーターを用いることで、長編成の運転を可能にした。これによって地方ローカル線の近代化にもめどが立ったのである。

そして、長編成で運転が可能になったシステムを活かす形で、日本で初めての特急形気動車が製作される。それは１９６０（昭和35）年の10月に東京で開催される国際会議の開催に間に合わせるべく、半年あまりという鉄道車両としては異例ともいえる短期間で開発され、所期のとおり国際会議への出席者を乗せて走り、日本の鉄道技術の進歩を世界にＰＲしてみせた。そしてこの特急形気動車、キハ81系と呼ばれることになるグループは、この年の12月10日から特急「はつかり」に充当されて、営業運転を開始した。特急「はつかり」は、先にも記したように、常磐線・東北本線を走り、上野と青森を結んだ特急であったが、それまでは客車で編成された列車が機関車で牽引されていた。牽引は東北本線の北部では蒸気機関車が担当し、特急列車ではあっても、その姿が旧態以前としたことは事実だった。

そこでこの列車にディーゼルカーを使用することで、列車の近代化を図った。ローカル線で使用されたキハ17系は、蒸気機関車が吐き出す煙から乗客を解放し、真新しい清潔感のある車両として、高い人気を得ていたのである。次は、特急列車が近代化を果たす順番で、キハ81系は、「こだま形」１５１系電車の外観、内装を基準にして、製作が進められた。

しかし、営業運転開始後のキハ81系は初期故障を頻発させ、これはマスコミの好餌となってしまった。たちどころに、「はつかりにがっかり」、「はつかり、事故ばっかり」という見出しが並べられたのである。結局は開発を急ぎ過ぎたことが、仇となったのである。

2両の食堂車を連結して走った特急「白鳥」

キハ81系の苦い経験を活かす形で開発されたのがキハ82系で、この車両の安定した性能が、「サン・ロク・トオ」と呼ばれた1961（昭和36）年10月1日のダイヤ改正を成功に導く。

特急「はつかり」が故障を頻発させた原因は、冷却系の不備にあったといい、勾配区間でエンジンがオーバーヒートする故障が多かったという。もちろん、国鉄技術陣は、キハ81系の運転に不具合が多いことを知ると、早急に対策を進めた。昔の国鉄という組織は、確かに利用客に対して無愛想な一面を有してはいたものの、技術開発と正確な運輸については高い意識を有しており、それが利用者からの信頼を得ていたのである。豪雨の日でも、簡単に列車を止めることなどせず、非番の職員までが現場に出かけて鉄道の定時運行に尽力する。そして、それを当然のことと考える。そんな人たちが鉄道を支えていたのである。

キハ82系も、キハ81系と同様に初期故障を起こしているが、それはキハ81系ほど深刻なものではなかったようで、やがて故障は収束に至った。この時期になると、マスコミも同じことを叩くのに飽きたのか、キハ82系にがっかりした記者はいないようだった。「社会の木鐸」は、時に気まぐれであるようだ。

この頃、国鉄には新しく登場した車両に、その車両が最初に使用された列車の名前を、そのままその形式の愛称とする習慣があった。すなわちキハ81系は「はつかり形」であり、151系は「こだま形」、20系客車は「あさかぜ形」である。151系などと、何やら専門的な言い方をされても何のことか解らないが、「こだま形」なら解る。恰好がいい。それと同じ図式が当てはめられて、キハ82系には「白鳥形」という名前が付けられた。

特急「白鳥」は、大阪と青森・上野を結ぶ特急として運転が開始された。大阪と青森を結ぶというのは解る。日本海に沿って走り続けるのだろう。それでは、大阪と上野を結ぶというのはどういうことか。実は特急「白鳥」は6両編成のキハ82系を2編成つないだ12両編成で運転され、途中の直江津で分割（帰路は併合）が行われ、直江津からは6両が青森へ、6両が上野へ向かうという運転方式が採られた。もちろん、この列車を使って大阪から上野へ向かう人はいるはずがなく、直江津〜上野間運転の特急「白鳥」は、北陸、信越方面から首都圏に向かう人のために運転された列車であったわけだが、利用客の利便を図って列車を運転することも、古き良き時代の鉄道の姿だった。

このように途中駅で、列車が行き先ごとに分かれてゆく列車は、俗に「2階建て列車、3階建て列車」などと呼ばれたが、利用客にとっては便利なこの運転方式も、現場で働く人たちにとっては、ダイヤを厳守しなければならない苦労があったことだろう。帰路の列車がどれか少しでも遅れてしまえば、あらゆる列車に遅れが生じてしまうのである。けれども、そんなダイヤをかたくなに守り続けるのが、古き良き国鉄だった。

気動車は、電車以上に騒音、振動が大きい乗り物である。それでもそんなディスアドバンテージを承知の上で、昭和30年代半ばからは、全国で気動車を使用した特急の運転が開始され、地方の旅を快適にしたのだった。「サン・ロク・トオ」ダイヤ改正は、全国の鉄道を特急を使用して旅する、現代の鉄道の姿の下地を作るダイヤ改正となったのである。

ところで、大阪と直江津の間で特急「白鳥」は、12両編成に2両の食堂車を連結していた。食堂車は6両に1両が連結されるのがキハ82系の標準だったからである。「剛の者」は、2両の食堂車の味比べをしたのだとか。特急「白鳥」は、そんな豪華な列車だった。

私鉄特急競演の時代1 「小田急SE車」の登場

一方、私鉄の世界でも、昭和30年代には、日本の鉄道史に名を残すことになる特急形車両が続々と登場している。一般的な傾向として、新型車両や新技術の開発、あるいは新しい営業施策の立案は、所帯が大きい国鉄よりも、何かと小回りが利く私鉄の方が、早く実行に移せるという傾向があったが、この時代の新型車両の開発についても、同様のことがいえた。

1958（昭和33）年11月1日には151系「こだま形」電車の運転が開始されて、東京と大阪・神戸を結び、電車の世界に新しい時代が訪れたことを利用者に印象付けたが、この前年には、151系に勝るとも劣らない斬新な意匠を備えた特急形電車が関東の私鉄に登場している。

1957（昭和32）年7月6日に運転を開始した小田急電鉄3000形がそれで、この電車には「S

E（Super Express）車」という愛称名も付けられた。３０００形は新宿と小田原・江ノ島を結ぶ特急用として開発された車両で、高速運転をスムースに行うために、数々の新機軸が採用された。

その一つが張殻構造の車体で、従来の鉄道車両が太く、強固に作られた台枠をベースにして車体が組み立てられるのに対し、張殻構造の車両は、車体全体で車体にかかる負荷を分散させる。これによって大幅な車体の軽量化が可能になった。この技術は、それまでの航空機製作の技術を応用したもので、３０００形は、かつて航空産業に籍を置いていたエンジニアが参画して開発を進めた。

また車体は低重心化を推進し、台車を車体の連結部分の下に設置する「連接構造」を採用した。この方式は、台車の保守には手間がかかるようにはなるものの、車体の端に台車が取り付けられる「連結構造」の車両よりも、曲線への追従性が向上し、それは乗り心地の改善につながる。

車両の先頭部は流線形のものを採用して、空気抵抗を軽減した。先にも記したように、鉄道車両における流線形デザインの採用は、実効性には乏しいのだが、乗客に大いなる魅力を感じさせ、「この電車に乗ってみたい」という夢を与える。それまでの電車とは全く異なる、軽快で、見た目にも姿勢が低い新型電車の登場が、いかに利用者を驚かせたかは想像に難くない。「ＳＥ車」という愛称にも未来的な印象があり、３０００形の登場によって、「小田急ロマンスカー」の地位は不動のものとなったのである。

もちろん、小田急の特急伝統の車内サービスも継承され、「ロマンスカー」で行く、箱根の旅、湘南への旅は、長く庶民の憧れとなったのである。

鉄道ファンの団体である「鉄道友の会」は、その年に登場した最優秀車両に「ブルーリボン賞」を贈っており、これは今66回まで数を重ねているが、栄えある「第1回ブルーリボン賞」に選出されたのが、この3000形「SE車」だった。一説には、この斬新な車両に何か賞を与えなければならないだろうという議論が生まれたところから、「ブルーリボン賞」が制定されたともいわれており、その細かな経緯は不明であっても、3000形がいかに飛びぬけた存在であったかを窺うことができる。

その高い性能を確認するべく、3000形を用いた国鉄線上での高速試験が行われたのは1957（昭和32）年9月のことで、同月27日には東海道本線函南～三島間で、当時の狭軌鉄道の世界最高記録となる時速145kmがマークされた。

国鉄と私鉄の垣根を超えて行われたこの試験運転は、電車の高速性能を確認したいという両者の思惑が一致したことによるといわれ、もちろん、国鉄の狙いは、将来の新幹線建設のためのデータ収集があった。そして試運転は成功裏に終わり、新幹線建設への一里塚となるのである。

小田急3000形の営業運転は1992（平成4）年3月8日まで続けられ、今は3両が神奈川県海老名市の「ロマンスカーミュージアム」で保存されている。

私鉄特急競演の時代2　2階建てとなった「近鉄ビスタカー」

低重心化を進めた小田急3000形とは逆に、車高を限界まで高くして、一部の客席を2階建ての構造とした近鉄の特急形電車が、小田急３０００形誕生の翌年、１９５８（昭和33）年7月11日から運転を開始した。「ビスタカー」の愛称で親しまれ、後継車の登場後は「ビスタカーⅠ世」と呼ばれることもある１０００系の登場である。

１０００系は7両のみが製作された試作的な色合いも帯びた車両であったが、当時の近鉄社長であった佐伯勇がアメリカを訪れた際にグレートノーザン鉄道の２階建て車両「VISTA DOME」に乗車していたく感心し、自社にも同じスタイルの車両を導入することを決定した。同じ時期には、国鉄が東海道本線の電化工事を進めており、この電化工事が完成したのなら、そこに新型の電車特急を動かすことが予想されていたことから、近鉄が運転する特急にも、国鉄に負けない魅力を備えた車両を動かす必要に迫られていたのである。

とはいえ、当時の日本に2階建て車両を製作するのに利用できるデータは皆無と言ってよかった。確かに遠い昔には大阪に2階建ての路面電車が走ってはいたが、それは少ない人数を乗せて低速で走る電車に過ぎず、高速運転を身上とする特急列車に求められる資質は、それとはまったく異なるものだったのである。

2階建て車両を製作する上での最大の課題となったのは、車体の軽量化と、室内における居住空間、さらにいうのであればクリアランスの確保で、このために１０００系の車体は準張殻構造として軽量化を図り、床下機器の配置などに工夫を重ねて室内の空間を確保した。その結果として、１０００系は1編成中に3種類の長さの車体が混在するという、鉄道車両としては珍しいスタイルとなったが、実用上は何も問題がなかった。その後に近鉄が製作する「ビスタカーⅢ世」でも、2階建て車両であるがゆえのさまざまな制約がありはしたが、そのスタイルは徐々に洗練されたものとなっている。これはもちろん、技術の進歩による機器の小型化、軽量化が寄与するところが大きかったが、これを使う人間の側にもノウハウ、経験則が備えられたことによる。

１０００系ではシートラジオ、車載の公衆電話、空調機器など、当時の鉄道車両としては贅沢品ともいえる装備も搭載し、この形式が単に2階建て方式を採用したというだけでなく、近鉄を代表する車両にふさわしい、最高の水準が確保されるよう努められた結果だった。

運転開始後の１０００系「ビスタカー」は、主に大阪～伊勢間の特急に充当されて、人気を博した。2階建て電車「ビスタカー」は、その後長く近鉄特急の代名詞として、多くの人に親しまれ続け、１９５９（昭和34）年12月12日には「ビスタカーⅡ世」１０１００系が、１９７８（昭和53）年12月30日には「ビスタカーⅢ世」３００００系が登場し、使用車両の代替を果たしている。

初代「ビスタカー」１０００系は、１９７１（昭和46）年5月9日の団体臨時列車としての運転を最後に廃車となった。登場から13年後の廃車は、鉄道車両の平均寿命とすれば短いが、とかくこのような観光色の強い車両は短命で終わることが少なくはなく、また１０００系が1編成が製作されたのみで、運用にもさまざまな制限があったであろうことを思えば、十分に職責を全うしたといえるだろう。何よりも、2階建て車両「ビスタカー」のコンセプトが、１０１００系、３００００系に引き継がれたことが、この特急車のコンセプトが成功した、何よりの証となっているように思われる。

私鉄特急競演の時代3　未来を見るための電車「名鉄パノラマカー」

近鉄は、試作的な色合いの濃かった「ビスタカー」10000系に続いて、1959（昭和34）年12月12日には「ビスタカーII世」10100系の営業運転を開始。この系列では、10000系の使用結果を反映させせて各部の設計を見直し、定員を増やすなどの変更を行った。そして10100系は、鉄道友の会の第2回「ブルーリボン賞」を受賞した。

あるパーティ会場で、10100系が「ブルーリボン賞」を受賞したことを引き合いに出して、「御社も『ブルーリボン賞』を受賞するような車両を作りなさい」と、近鉄の佐伯勇がハッパをかけた人物がいた。それは名古屋鉄道の社長である土川元夫だった。

土川が率いる名古屋鉄道は、名古屋を中心にして路線網を広げ、わが国屈指の経営規模を誇る大手私鉄であったが、まだ「ブルーリボン賞」を受賞するような花形車両を有するには至っていなかった。やがて名鉄で、新しい特急用の車両の製作が始められた。この車両は運転台を2階に上げて、先頭部にも客席を設け、それを無料で利用できるようにするという大胆なアイディアが採り入れられた。これを発案したのは土川の懐刀的な存在だった白井昭氏で、白井は後に大井川鉄道に転じて、蒸気機関車の動態保存運転を成功させた人物である。白井は車両の前面展望を乗客に提供することを「未来が見える電車」と形容した。乗客を先頭部に乗せることは衝突事故の危険にさらすことになる。そこで先頭部には強力なダンパーを取り付けて、万が一の衝突事故から乗客を守るようにした。これには折よくダンパーのメーカーからの売り込みもあった。運転台を2階に上げることは、運転士の作業環境を低下させる可能性があったが、機器の配置を工夫することで、当時のベストセラーカーとなっていた小型車「スバル360」の運転席と同等の居住性が確保された。斬新な構造の運転台は、運転士にも好評だった。

名鉄の新しい特急車7000系は、1961（昭和36）年6月1日に営業運転を開始した。乗客が前面展望を楽しめる電車の登場はたちまちのうちに話題となり、駅のホームには、次にやって来る7000系の展望席に座るべく、列車の到着前から行列ができた。名鉄7000系がユニークだったのは、先頭部の展望席も無料としたことだった。同様の構造の車両は海外にもあったが、それは先頭部の展望席を有料としていたのである。

報道発表の場では、白井が記者に囲まれ、この新しい電車の愛称名を問うた。名前はまだない。

「部内では『パノラマ式電車』と呼んでおりますが……」

と白井が答えると、

「よし。『パノラマカー』だ」

と誰かが答えて7000系の愛称名が決まってしまった。

7000系「パノラマカー」は、その後長く名鉄の多くの路線で、特急運用ばかりでなく、幅広い用途に使用され、その運転は2010（平成22）年3月21日まで続けられた。この長い活躍を、白井は、

「長く使い過ぎた」

と語ったが、その魅力ある姿は、晩年まで色あせることはなかった。名鉄7000系は、1962（昭和37）年の、鉄道友の会第5回「ブルーリボン賞」を受賞している。

私鉄特急競演の時代4　日光戦争を制した「東武デラックスロマンスカー」

名鉄が7000系「パノラマカー」の運転を開始した前年となる1960（昭和35）年には、北関東に路線網を広げる私鉄・東武鉄道が、やはり鉄道の歴史に名を残すことになるデラックスな車両の運転を開始している。1720系「デラックスロマンスカー」の登場である。

当時、東武鉄道は日光への観光客輸送を、国鉄日光線と競い合っており、1720系は国鉄との競争に打ち勝つべく開発された。営業運転が開始されたのは、1960（昭和35）年10月9日のことである。

東武鉄道が日光線を開業させたのは1929（昭和4）年10月1日のことで、この延伸はもちろん、国際観光都市として知られた日光への観光客輸送を視野に入れてのものだった。計画の初期の段階では、東武日光線は、栃木県の佐野を経由して路線を建設するものとされていたが、これは後に地形が平坦な現行のルートに変更されている。計画変更の一因には、栃木地域からの熱心な誘致もあったという。

1720系は、当時の先端技術を積極的に採り入れ、先頭部は「こだま形」151系のボンネットスタイルをモディファイしたものとなった。室内にはリクライニングシートが並び、これは国鉄の一等車（現在のグリーン車）と同等のものとされた。6両編成中の2か所にビュッフェカウンターが設けられ、貫通路扉を自動ドアとしたのは初めての試み、外国人観光客の利用も多いであろうことに配慮して、当時は珍しかった洋式のトイレも設置された。

そして何よりも、1720系のシンボル的存在となったのが、4号車に設けられたサロン室と、その部屋の中に設置されたジュークボックスだった。

ジュークボックスは、今日ではすっかり目にすることがなくなってしまったが、利用客がコインを投入することで、機械の中に置かれた何枚ものレコードの中から好きなものを演奏させられるというもので、当時の最新の音響機器だったのである。飲食店などに置かれて人気アイテムとなっていたジュークボックスの設置は、1720系をさらに豪華な列車に仕立てたのである。

それまで、東武日光線と、国鉄の間にはし烈な競争が繰り広げられていた。ターミナル駅からの所要時間であれば浅草から直行する東武に分があるが、東京以外の場所から日光に向かうのであれば、通しの運賃で切符を買える国鉄にも分があり、両社はさまざまな新型車両を投入することで、競争を制することを目論んできた。国鉄が新鋭準急型気動車のキハ55系を投入すれば、東武が特急用として製作した5700系を投入し、国鉄が日光線の電化を完成させて「デラックス準急」とも呼ばれた157系を投入すれば、東武が1700系を投入するという具合で、「いたちごっこ」的な競争が続いていたのだが、1720系の投入が、この競争に終止符を打ったのである。日光は「デラックスロマンスカー」で行きたくなる観光地となり、国鉄は日光への観光客輸送を諦め、157系も他線区へと転属する。

1720系の活躍は、1991（平成3）年8月31日まで続いた。晩年には他社の新鋭特急との格差が目立つようになっていた1720系だが、その高品位なサービスを懐かしむ声は今も多い。そして、車内の案内放送に英語を交えるなど、外国人の利用が多いことを踏まえてのサービススタイルは、今日にも継承されている。

地方私鉄のピカイチ車両たち

こうして昭和30年代の日本の鉄道は、国鉄と大手私鉄がけん引役を務める形で、一気にその姿を変えていった。その背景には日本の経済成長があったが、そんな追い風を受ける形で、この当時の地方の私鉄でも、いくつかの新しい動きがあった。

長野市を中心に路線を延ばす長野電鉄が、湯田中温泉への足となる自社の長野線で、自社発注の特急形車両2000系の運転を開始したのは1957（昭和32）年3月15日のことで、この日から長野〜湯田中間に5往復の特急が設定され、それぞれの列車には、「しらね」、「よこて」、「しが」、「かさだけ」、「いわすげ」という愛称名が贈られている。

２０００系の室内にはドア付近を除いて回転式のクロスシートが並べられ、これは不調だったことからすぐに撤去されたというが、シートラジオや、車内に音楽を流すためのテープレコーダーも設置された。そして何よりも特筆すべきは、この列車に女性アテンダントが乗車したことで、それは「特急ガール」の名で親しまれている。

昭和30年代の地方私鉄では、車両には他社からの「お下がり」を使用するのが当たり前で、その中で特急用車両を新製し、豪華な客室設備を備え、アテンダントまで乗車させた長野電鉄の意気込みは大いに評価されてよいだろう。現在の長野電鉄は、経営の合理化が進められ、長野線以外の路線が姿を消してしまったが、ＪＲが「成田エクスプレス」として運転していた２５３系や、小田急が「Ｈｉ−ＳＥ」車として運転していた１００００系を導入し、自社での使用に適した形に改造して運転を続けており、観光輸送を意識した新進の気風は失われていないように見受けられる。

一方、石川県の私鉄・北陸鉄道では、１９６３（昭和38）年に６０１０系の運転を開始している。この車両は、走行関連機器などは旧型車のものが流用されたが、そのことに起因する重量増を相殺すべく、車体には軽量のアルミを採用。アルミ製車体は当時は全国的にも珍しい存在となり、ひときわ目立つ存在となったことから、「しらさぎ」号の名が贈られている。

６０１０系は2両のみの製作で、この車両が投入された北陸鉄道加南線が１９７１（昭和46）年7月11日に廃止されたことから、大井川鉄道に譲渡されている。その大井川鉄道での運転が終了した６０１０系は石川県への里帰りを果たし、今は「道の駅山中温泉 ゆけむり健康村」での保存が続けられている。

鉄道車両が辿る運命にも、多かれ少なかれ運が付きまとうと証言するファンは多い。たとえそれが貴重な存在であっても、巡り合わせによってすべてが解体されてしまう形式もあれば、数両が作られたのみなのに、廃車後も解体されることなく保存が続けられるものがある。例えば前車の代表格が国鉄クロ１５１形であろうし、この６０１０系は後車の代表格といえるだろう。鉄道車両の一生にも、人との出会いが大きく関わっていることになる。

この他にも、昭和30年代の地方私鉄に、彗星のように現れて、そして消えていった魅惑の鉄道車両は少なくない。そのほとんどが、鉄道会社や、利用者の夢を担って運転が始められ、そして消えていった。鉄道車両の一生も、人の一生に似てはかなく、だから美しい。

ビジネスライクだった0系新幹線

１９６４（昭和39）年10月１日の東海道新幹線の開業は、世界の鉄道地図を一夜にして描き換えてしまう歴史的出来事となった。東京～新大阪間５５２・６㎞（営業キロ）の建設工事に着手されたのは１９５９（昭和34）年４月20日のことで、第４代国鉄総裁十河信二が新丹那トンネル熱海口で行われた起工式で、くわ入れの儀式を行った。工事はそれから5年半の工期を要して、東京オリンピックの開会10日前に予定通り開業。東京と新大阪が最短３時間10分（ただし、開業から1年あまりの間は、路盤の安定を待つために最短4時間）で結ばれた。

開業時に東海道新幹線が設定したのは「1－1ダイヤ」と呼ばれる運転体制だった。すなわち1時間あたりに途中、名古屋と京都のみに停車する速達タイプの「ひかり」を1本、各駅に停車する「こだま」を1本運転するというものである。これは1時間あたりに「のぞみ」だけでも最大12本が運転されている現在のダイヤと比較するとまさに隔世の感があり、事実、当時の「ひかり」通過駅では、「こだま」が発車すると、次の「こだま」が来るのは1時間後ということになって、設備は最新のものが揃えられていながら、のどかな雰囲気はローカル線のものと変わらなかった。

それでも新幹線の輸送力は在来線とは比べ物にならず、以後の日本の鉄道は、新幹線を巨大な幹として発展を続けてきた。

この路線で運転される0系電車が開発の途上にあるとき、さかんに論議されたのが普通車の座席を1列4席とするか、5席とするかという問題だった。もちろん、1人当たりの専有面積は4列の方が勝り、それは居住性に直結する。しかし、広軌（1435㎜軌間）を採用して建設された新幹線は、車体も大柄であることから1列を5席とすることも可能で、そうすれば、より大きな輸送力を確保することができる。

結局は5列案が採用となり、現在も用いられている片側2列、片側3列という座席配置が採用された。ただし、3列座席の中央、すなわちB席のみは左右の幅を両側の席よりも3・5㎝広げて、左右の席にも乗客が座っている時でも圧迫感を軽減する措置が採られている。わずかな差でも、その影響は大きなものがあるといい、鉄道車両の設計者は5㎜の幅であれ処置に悩まされることがあるというが、結局、片側3列という選択は正しかったのだろう。ゴールデンウィークなどの多客時に、新幹線が運ぶ乗客の数は圧倒的なものとなり、それは他の交通機関では到底輸送が不可能な数値となっている。

0系はそれまでの特急用車両を凌駕する存在でありながら、徹底してビジネスライクに作られた車両だった。豪華さを排した座席はもちろん、グレーとブルーの塗り分けというクールな配色でまとめられた普通車室内や、リクライニングシートではなく転換式とした、やはり普通車の室内などは、それまでの特急列車にはない意匠となった。

けれども、それがゆえに0系は誰もが気後れなどを感じることなく利用できる存在となり、それは限れた人だけが利用を許されるような雰囲気のあった戦前の特急列車とは180度逆の存在となったのである。これはビジネスライクに作られた0系がもたらした効用といってよいだろう。

また運転開始時には乗客の車内の滞在時間が短くなることから本格的な食堂車を作ることはせず、編成中に2か所のビュッフェ（軽食堂）を設けるのみだった0系だが、1975（昭和50）年3月10日の山陽新幹線の博多延伸を前にした時期には、本格的な食堂車も作られ、さらに後になって車内から富士山を眺められるように、室内の壁に窓を設ける改造も行われている。ビジネスライクに作られていた0系が、少しだけ、乗客サービスの姿勢を取り戻したようにも見えた。

第6章　経済高度成長の時代とその後

「ブルートレイン」を凌駕した寝台電車

栄光の昭和30年代が終わり、時代は昭和40年代を迎えた。1970（昭和45）年には大阪で万国博覧会が開催されて、半年の会期中に6400万人を超える来場者を集めるという大きな成功を収め、このエポックは、敗戦から立ち直ってひたすら高度成長を続けた日本の、1つの到達点となった。「モーレツからビューティフルへ」というテレビCMのキャッチコピーが流行したのもこの年で、これは事務機メーカーのCMに使われて、いかにでも解釈が可能な言葉の使用は賛否両論を呼んだが、今振り返るならば、それは時代の転換を予感させる事象となったのである。

この時期にはまだ、日本の鉄道は増え続ける輸送需要に追われ続けていた。今にして思えば夢のような話だが、全国の幹線には昼行だけでなく、夜行の特急列車、急行列車が数多く運転され、その多くが高い乗車率を示していたのである。

ひっ迫した状況を打開するために開発されたのが、寝台電車だった。従来の寝台列車は客車を使用して運転するのが常だったが、使用する車両を客車から電車に変えて列車を速達化し、車両の運用効率を高めて、同一の車両を昼と夜の両方で運転しようというのが、基本的な考え方だった。

こうして1967（昭和42）年に誕生したのが581系電車である。581系はまず大阪対九州の特急として運転されることを念頭にして開発された。具体的には博多を夜に出た特急「月光」が朝になって新大阪に到着。その後すぐに車両基地に回送されて、昼行列車としての整備を終え、次に大阪発の昼行特急「みどり」として大分に向かう。大分に到着後は車両基地に回送されて整備を受けて夜を明かし、翌日の昼行特急「みどり」として新大阪に向かう。そして新大阪に到着後は、また車両基地に回送されて夜行列車の形に整備され、新大阪を夜に出る特急「月光」として博多に向かうというのが、1つのサイクルになっていた。

この目まぐるしい運用の方法は、車両を車両基地内に留置する時間を少しでも少なくしたい、それによって手狭となっている車両基地の負担も減らしたいという狙いの末に編み出されたものであったというが、アクロバティックな運用が成立するだけの旺盛な輸送需要が、この時代にはあったのである。

寝台列車に使用される車両は、昼間は必ずしも使い勝手のよいものとはならないはずであったが、581系には昼行特急としての使用に遜色のない車内設備を備えるべく、ベッドの収納方法と、昼間の座席配置には工夫がなされた。その結果として、昼に使用される座席は4人用のボックスシートとされ、これを座り心地の良いものとして、居住性が確保された。

特筆しなければならないのは、寝台使用時の1人当たりの居住空間の広さで、581系では3段式のB寝台でさえ、ベッドの幅は上・中段が70㎝、下段が106㎝となり、大幅な居住性の改善が果たされた。登場時に「走るホテル」と呼ばれた20系客車でさえ、B寝台のベッドの幅は52㎝に過ぎなかったのである。

581系が登場した翌年には、この形式の発展形となる583系が登場して、この車両はその年の秋に実施された「ヨン・サン・トオ」ダイヤ改正の主役的存在となる。581・583系の活躍は目覚ましいもので、この形式には「月光形」という呼び名も生まれた。

しかし、581・583系の晩年は淋しいものとなってしまった。昼行特急としての運転時に使用される4人用のボックスシートが、特急用のそれにふさわしくないものと評価されるようになり、徐々に運用から外されていったのである。そして最晩年には、まだ運転の開始から日が浅く、廃車にしてしまうのは勿体ないという議論が国政の場で論議されるようになり、581・583系の一部が改造されて、通勤輸送に使用されるようになった。しかしその姿は、通勤輸送にふさわしい機能的なものではなく、応急措置という言葉が似合うものであった。「581・583系の改造は不要だった」と指摘した国鉄の関係者もいた。全盛期に、文字通り昼夜兼行の運転を続けた581・583系は、一昼夜のうちに1000㎞という距離を走っていたのである。十分に課せられた役割を果たしていたのだ。

「ヨン・サン・トオ」ダイヤ改正と485系

「モーレツからビューティフルへ」というCMのコピーが流行したのは、国民の多くが、ひたすらに量を求めてきた昭和30年代の生き方から、質を求める生き方への転換を、心の中で求めていたからだろう。昭和30年代の日本は、確かに経済も、物資も豊かになり、それは敗戦という大きな「挫折」を覆すべく頑張った国民が得た「大きな成果」ではあったが、その一方で、今日でいうところの環境汚染の問題や、厳しさを増し続けるビジネスマンの労働環境などが、社会の問題としてにわかにクローズアップされるようになった時代でもあった。

昭和40年代を代表する国鉄のダイヤ改正となった１９６８（昭和43）年10月１日のダイヤ改正は、その規模の大きさは空前絶後とされ、「ヨン・サン・トオ」という呼び名でファンの間では今も語り草となっている。その内容を見てみると、「サン・ロク・トオ」ダイヤ改正が、ひたすら輸送の量を求めたのに対し、「ヨン・サン・トオ」ダイヤ改正は質を高める狙いを見て取ることができ、その意味でも、それぞれに時代の色を反映させてみせたダイヤ改正となったのである。

「ヨン・サン・トオ」ダイヤ改正は、全国で進められていた線路施設の改良工事が、一定のレベルまで進捗したことを受けて実施されたもので、東北本線と上越線の、全線にわたる電化が完了したことなどで、列車の高速化などの質的改善が進められた。列車全体の増発本数は「サン・ロク・トオ」ダイヤ改正の規模には及ばなかったものの、特急の増発などによって、都市間の速達化が実現している。この月の「時刻表」の表紙には、５８１系の発展形として新製された５８３系特急が、東北本線を走る姿を収めた写真が使用されたものもあり、それは、このダイヤ改正を象徴する情景となった。

列車のスピードアップが新たな輸送需要を生み出すことが、一層明確になってきたのがこの時代だった。つまり、競合交通機関である航空機が使いやすいものとなり、自動車も普及し、自動車道延伸計画も、続々と発表されるようになっていたのである。だからこそ、鉄道もスピードアップが必要となったのである。

このダイヤ改正時から運転が開始された国鉄の車両に特急用の485系があった。この電車は、直流電化区間と交流電化区間、それも50Hz電化区間と60Hz電化区間の両方に対応が可能な車両、つまり電化されていればどこでも走ることができる電車として開発された。日本の鉄道電化は、当初は直流を使用して行われ、昭和40年代なると、より経済性が高いと目された交流を使用して進められるが、日本の交流電源は、東日本が50Hz、西日本が60Hzという異なった周波数が採用されており、鉄道の交流電化も2種類の周波数を使用して行われていた。「3電源方式」を採用して製作された485系は、このすべての電化区間を直通することができたのである。

広範な運転を可能とする485系の誕生が求められたように、これ以降の国鉄は、全国規模で特急の運転を行い、全国のどこに行くにも、特急の利用が好適というダイヤが構築されてゆく。戦前から戦後にかけては、ごく限られた人しか乗ることのできない、豪華な設備を備えた列車というのが特急に対する概念であったはずだが、新幹線が開通し、485系が誕生したこの時代には、誰もが特急の旅を楽しめるようになったのである。

私鉄にも「グリーン車」と「食堂車」が登場

国鉄・JRにはグリーン車というアッパークラスの車両が用意されているが、私鉄がこれを導入した例は少ない。それは結局のところ需要がないことが理由で、国鉄・JRのような長大な路線がないのであれば、乗客は、特別料金を払っても快適な車両を利用しようという考え方にはなりにくく、鉄道会社にとっても車両や制度の運用が煩雑になるだけで、増収にはつながりにくい。東武鉄道や、近鉄のように長大な路線を有し、そこに観光色の強い列車を運転している私鉄では、列車1本を丸々アッパークラスに仕立てる方式が普及している。

そのような中で、創業時からグリーン車（運転が開始されていた時点の名称は、国鉄の制度にならい1等車）を運転してきたのが、静岡県の私鉄・伊豆急行だった。

伊東で国鉄と接続して伊豆急下田までを走る伊豆急行は、延長45㎞あまりの私鉄だが、沿線に数多くの温泉、観光地を備え、国鉄からの直通列車も数多く運転された。もちろん、観光旅行での利用も多く、せっかくの旅なのだから1等車を利用したいと考える人も多い。観光客の利用が多い伊豆急行には1等車の需要があると、開業前から見込まれていたのである。それは、日本にも豊かな時代が訪れ始めていたことの現れともいえた。

伊豆急行の1等車は、当初は1・2等の合造車となるサロハ180形3両が製作されたが、すぐに増備が行われ、1両のすべてを1等車としたサロ180形なども登場。同じ路線を走る国鉄と私鉄の車両の間に、サービスの格差が生じないよう留意された。興味深いのは、一度に国鉄ほど車両の大量生産をしない私鉄のことゆえ、これらの増備車にも製作年次によって、随所に数多くの相違点が生じたことだったが、これも私鉄ならではのストーリーということだろう。

そして、この時代の伊豆急行を語る上で忘れてならない存在となったのが、サシ190形の誕生である。

形式名からも解るとおり、この車両は食堂車として製作された。運転が開始されたのは1963（昭和38）年4月27日のことで、明治の私鉄ならいざ知らず、戦後になってから私鉄に登場した食堂車は稀有だった。

この車両は飲料メーカーのサントリーからの寄贈によって生まれたもので、車両の愛称も、同社の製品名にちなんで「スコールカー」というものがつけられた。スマートな外観は同時代の国鉄の食堂車に勝るとも劣らず、その活躍が大いに期待された。

しかし、「スコールカー」はその期待に応えることはできなかった。当時の規則では、サシ190形が国鉄線内に乗り入れることができず、従ってすでに伊豆急行の車両によって行われていた熱海までの乗り入れもできない。やむを得ずサシ190形を連結した列車で行われた伊東～伊豆急下田間を往復するのみの運転は、1日に3往復程度の実に効率の悪いものとなったのである。これではせっかくの乗客が、食堂車を利用したいと考えても、そもそもその車両に出会うことが難しい。「スコールカー」活躍の夢は消え、サシ190形は1974（昭和49）年に普通車に改造されてサハ190形を名乗り、そして2002（平成14）年に廃車となっている。

もしもこれが現代であったら、法規の変更などが柔軟に行われて、全国でも稀有な存在の私鉄の食堂車が国鉄・JRに乗り入れ、より多くの人を楽しませていたかもしれない。サシ190形も、生まれるのが早すぎた車両だったのである。

「DISCOVER JAPAN」と「SLブーム」の時代

１９７０（昭和45）年に開催された日本万国博覧会（大阪万博）は、先にも記したように会期中に述べ６４００万人を超える来場者を集めて、９月13日をもって閉幕した。このイベントは戦後日本の到達点の一つとなり、さまざまなイベントが非常に細分化した形で開催されることが多い今日からは考えにくいことだが、大阪千里丘の会場に全国から観客が殺到したのである。「アメリカ館」、「ソ連館」、「三菱未来館」などの人気パビリオンに入場するために多くの人が開門前から長い行列を作り、ひとたびゲートが開くと、パビリオンに向かうダッシュが連日繰り広げられた。大阪万博は国を挙げて行われた一大イベントだったのである。

大阪への観客を輸送するべく、国鉄は団体輸送にも適した汎用性の高い客車を製作する。それが12系客車だった。今日とは異なり、この時代にはまだ数多くの機関車が全国で稼働を続けていたから、新たに客車を製作することはそれらの機関車を活用し、併せて車両の新製費用を抑えるという意味でも好適な選択と考えられた。

12系は当時の急行用電車を参考にして内装デザインが開発された。したがって、機能性と居住性、それにもちろん、一定の座席数を確保することが命題とされたから、シートが固定式のボックスシートとなったように、豪華さという点では特急用車両と比較すれば１ランク下のものとなったが、近代的で、清潔感の感じられる作りは誰の目にも好ましいものとなった。さらに大きな革新となったのが、電力供給の方法で、旧型客車で採用されていた車軸発電機による電力供給の方式を見直し、床下にディーゼル発電機を搭載して、照明などに使用する電源とした。大容量の電力が供給されたことによって、12系の照明は旧型客車よりも格段に明るいものとなった。12系で確立されたこれらのスタイルは、以後に製作される客車にも反映されてゆく。

万国博が閉幕した後、国鉄は増強を続けてきた車両をいかに活用するかに頭を悩ませることになった。考え出されたのは旅行需要の喚起であり、全国的な旅行キャンペーンを展開することで、国民を旅に誘い、持てる輸送力を活かすことにしたのである。

こうして、万国博覧会閉幕後の10月14日から「DISCOVER JAPAN」キャンペーンが開始された。このキャンペーンは国内旅行によって、日本を再発見しようということが謳われ、「美しい日本と私」というキャッチフレーズを用いながら、全国の、まだ知名度の低かったスポットを美しい、あるいは幻想的な写真で紹介し、見る者に答えのない問題を投げかけてくるような、抽象的ともいえるスタイルでのPRが続けられて、国民を旅立ちに誘った。このキャンペーンは一定の成功を収めたといわれ、国鉄は以降も「いい日旅立ち」、「一枚の切符から」と題するキャンペーンを続けてゆく。

「DISCOVER JAPAN」キャンペーンに歩調を合わせるようにして、全国で旅行ブームが起こった。「アンノン族」と呼ばれる女性が1人旅に出て、当時はまだ地方には宿泊施設が多くなかったことなどから、寺院の宿坊にまで臨時の宿が設けられることもあった。「アンノン族」という呼び名は、当時の有力な女性誌であった「an・an」と「non-no」に引っ掛けて生まれたものであったが、保守的な考え方からの解放を願って全国の「小京都」などを目的地として旅に出た彼女らの行動は知性的でもあり、それが寺院の姿まで変えたように、日本の旅のスタイルをも大きく変えていったのである。

同時期に流行った言葉には「遠くへ行きたい」というものもあった。これはやはり1970（昭和45）年10月にスタートした旅番組の中で使われたフレーズで、同名の曲は多くのフォークシンガーたちによってカバーされる。この「遠く」とは、解釈によっていろいろな場所をあてはめることができたが、未知の場所も多いとされた北海道が、多くの人の憧れの地となったのがこの時代だった。

同じ頃には松本清張の小説もヒットしていた。1957（昭和32）年に発表された『点と線』によって流行作家の地位を得た清張は、以後、意図的に犯罪が起こる現場を全国に散らし、作品に神秘性をつけ加えたのである。それも旅行喚起につながった。

そして「SLブーム」があった。国鉄は昭和50年度限りでの全国での蒸気機関車の撤廃を打ち出しており、滅びゆく蒸気機関車の姿を求めて、それまでは鉄道に興味を示さなかった人までが、家で眠っていたカメラを持ち出し、全国に旅に出たのである。北海道、東北、中国、北九州、南九州など、まだ数多くの蒸気機関車が残っていた地域には、多くのファンが出かけ、有名撮影地には、撮影用のひな段が出来上がるまでになった。

万国博覧会の開幕に始まる5年あまりの時代は、日本全土がそんな熱気に包まれていた時代だった。

大井川鉄道で復活した蒸気機関車

1976（昭和51）年3月2日。北海道の追分機関区で入れ換え運転に使用されていた3両の9600形蒸気機関車が運用から退き、これで国鉄の線路の上からすべての蒸気機関車が姿を消した。国鉄は1959（昭和34）年に発表した動力近代化計画の中で将来の蒸気機関車の全廃を掲げ、当初の予定より遅れはしたものの、修正案とされた1975（昭和50）年度中の蒸気機関車の全廃を実現したのだった。エネルギーの使用効率が悪く、運転にも保守にも手間がかかり、要員の養成にも時間がかかる蒸気機関車が、輸送の効率化の妨げとなることは明白だったのである。

しかし、ひとたび蒸気機関車が姿を消すと、勇壮な姿を懐かしむ声が日増しに高まるようになった。昭和40年代後半には「SLブーム」が起こったこともあった。ファンの期待に応えるべく、臨時列車の形で蒸気機関車がスポット的に運転されたり、短い線路の上を往復させるイベントは行われていたものの、いわゆる「動態保存」、すなわち蒸気機関車を現役時代と同じように動かすことができる状態で保存を続ける方法は、まだ採られることはなかった。

しかし、蒸気機関車の動態保存運転は、ファンの期待に応え、観光客を誘致する効用があるばかりでなく、産業遺産を保存するという社会的な意義も含んでいる。その価値を認め、いち早く蒸気機関車の動態保存運転を実施したのは、静岡県の大井川鉄道（現・大井川鐵道）だった。同社がC11形機関東227号機を使用して1976（昭和51）年7月9日から、大井川本線での定期的な動態保存運転を開始したのである。この動態保存の開始には、名古屋鉄道で7000系「パノラマカー」の開発に参画し、その後大井川鉄道に転じた白井昭氏が深く関わっていた。白井氏は海外の情報を収集し、欧米で蒸気機関車の動態保存が盛んに行われているのを知っていたのである。

とはいえ、大井川鉄道でも乗務員が蒸気機関車の運転に賛同してくれなければ、せっかくの計画も「絵に描いた餅」のままで終わってしまう。白井氏は、蒸気機関車を用いたイベントなどを行いながら、乗務員とのコミュニケーションを深め、賛同が得られるものなのかを探っていった。乗務員は、誰もが白井氏が想像する以上に、蒸気機関車の運転に乗り気であったという。

蒸気機関車の運転は、運転が開始されるよりもかなり早い時間に火を起こさなければならない。石炭の火で水を沸騰させて作られた蒸気を、巨大なピストンを動かすことを可能にする高い圧力にするには時間が必要なのである。

もちろん、運転中も常に蒸気の圧力には気を使い続けなければならず、ひとたび圧力が低下すれば、列車は、飛行機が失速するように速度を落としてしまう。そうなると回復は大変だ。視界の狭い蒸気機関車の運転台からは進行方向の確認も大変で、駅での停車、発車にも技量が求められる。運転終了後の整備も大変だ。

そのような難しい蒸気機関車の運転に、それまでは電車の運転に携わっていた乗務員が興味を示したのは、持ち前の職人気質に火が付いたからであったのかもしれない。大井川鉄道での蒸気機関車の動態保存運転は徐々に運転本数を増やし、現在も連日運転が行われている。大井川鉄道での蒸気機関車の運転を見た紀行文作家の岡田喜秋氏は、その様子を「この大井川鉄道には、心ある経営者がいたせいか、今はないはずの「ＳＬ」を走らせて、あえてサービスしている」と綴った。

国鉄が「ＳＬやまぐち号」の運転を開始

大井川鉄道が蒸気機関車の動態保存運転を始めた同じ時期に、国鉄もこの運転を始めることを検討していた。そして、１９７９（昭和54）年8月1日から、山口線での運転を開始した。「ＳＬやまぐち号」の誕生である。

国鉄が蒸気機関車の動態保存運転を開始するにあたって、まず問題となったのが、どの路線で運転を行うかということだった。いくつもの候補地の中から、最終的に選ばれたのが山口線で、路線の線形や、蒸気機関車の運転に適した設備が整えられるかが選考の条件となった。さらにいえば、都会からはある程度の距離がある路線である方が、営業上は好ましい。山口線にはそのような条件が整っており、新幹線を利用することで、東京、大阪からでも、短時間のうちに到着することができた。

運転の主役となる機関車にはC57形1号機が選ばれ、客車には12系がチョイスされた。青い塗装の12系客車は、古い時代のＳＬ列車の再現には向かなかったが、まだ新製から間がなく、乗り心地は快適だった。

１９７５（昭和50）年12月14日の室蘭本線室蘭発岩見沢行２２５列車をＣ57 １３５が引き、同年12月24日に夕張線でＤ51 ２４１が石炭列車を引き、翌年３月２日には９６００形による入れ換え運転が終了して、これを最後にして、蒸気機関車が走る姿は永遠に見ることができなくなると考えたファンは多かったが、蒸気機関車はそれからさして間を空けることなく、私たちの目の前に戻ってきたのである。夢のような出来事だった。

山口線での動態運転も成功を収め、現代では各地で蒸気機関車が走る姿を見ることができるようになった。現在は運転が終了してしまったが、北海道で行われたＣ62形を用いた運転では、機関車が実際に営業運転に使用されていた時代の姿を、機関車が引く客車を含めて忠実に再現する方策が採られて、したがって客車は非冷房の姿で運転され、それとは逆にＪＲ東日本が磐越西線で運転する「ＳＬばんえつ物語」号には空調の完備はもちろん、編成中に「パノラマ客車」を連結して乗客に良好な眺望を提供する現代風のサービスが展開されている。つまり、それだけ動態保存への価値観が多様化してきたということで、これは時代の成熟を意味するものだろう。今の時代はもう、蒸気機関車が現役だった時代を知る人の数は少なくなりつつあるが、たとえ若い人であっても、蒸気機関車が備える勇壮さや、ノスタルジックな汽笛の音色には魅力を感じることができる。

大井川鐵道では２０１４（平成26）年７月12日からメディアとのコラボレーション企画として、自社のＣ11形を小改造して「機関車トーマス」の運転を開始。この企画は、駅と駐車場の間にシャトルバスを運転しなければならないほどの大ヒットとなり、蒸気機関車の魅力が再発見された格好となった。

この流れを見て、「わが町の鉄道でもSLの運転を」と考える人は少なくないというが、大井川鉄道の動態保存を成功させた白井氏は「機関車を運転して、お客様に乗って頂き、鉄道直営の旅館に泊まって頂いて、お土産も買ってもらう。それで収支はようやくトントンだよ」と蒸気機関車の動態保存の難しさを語っている。

お座敷列車から「ジョイフルトレイン」へ

日本が好景気にあった時代、それはすなわち昭和30年代半ばから50年代の初頭にかけてのこととなるが、全国の鉄道には数多くの団体臨時列車が走った。この列車は団体旅行の乗客を乗せて通常の列車とは異なるルートで運転される列車で、団体旅行は旅行代理店や、小さなものでは、町内会などの自治会組織などによって企画される。殊に旅行代理店が主催するものは、行程中の食事や、参加者に渡されるみやげ物にも工夫が凝らされた、魅力的な商品に仕立てられ、普段は旅に出ることが少ない層を、確実に取り込んでいったのである。

このような団体客を運ぶために、鉄道側も工夫を凝らした。その一つがお座敷客車だった。お座敷客車とは、客車を改造して通常はイスが並べられる客室内を畳敷きとし、乗客は家にある畳式の部屋と同様のスタイルでくつろぐことができるというもので、その歴史は意外と長く、1931（昭和6）年に国鉄の金沢地区で運転されたのが始まりともいわれている。ただ、この車両は1両が製作されたのみで、まだ洋式の住まいがなかった時代のことだけに、人気は絶大であったとはいうものの、恒常的に使用される車両とはならなかったようだ。

その後１９６０（昭和35）年には余剰となっていた旧型の客車が改造されて、和式客車スハ88形へと変身した。この車両は、当初から団体専用の車両として運転されることを意図して改造が行われ、さらに翌年には、オハ61形からの改造によるオロフ80形も誕生して、団体専用車に使用されている。１９７２（昭和47）年には、これも旧型客車からの改造によっているが、スロ81形・スロフ81形という和式客車が生まれ、この形式では改造時に冷房装置を搭載するなどして居住性が改善され、和式客車は集客に好都合な、使い勝手の良い存在となったのである。

そんな和式客車、団体臨時列車の姿が、大きく変わるきっかけになったのは、１９８３（昭和58）年の「サロンエクスプレス東京」の登場だった。余剰となっていた14系客車からの改造によって生まれたこの7両は、団体専用列車としての運転を想定して開発が行われたが、それまでの団体専用列車とは考え方を変え、利用客を若い層と設定したのである。それは従来の団体専用列車が内装を畳敷きとしていたように、高年齢層をターゲットにしていたことからの１８０度の方針の変更で、「サロンエクスプレス東京」では、客室に洋風の造りのコンパートメントを並べ、編成の両端はフリースペースのサロン室として、ソファーやテーブルを設置した。さらに編成中の7号車の連結面寄りにビュフェカウンターを設け、ここで飲み物が提供されるほか、ルームサービスも行う。イベント用にビデオカメラを設け、映像が各コンパートメントに配信できるほか、カラオケも取り付けられた。そして「欧風列車」という呼び名もついた。確かにコンパートメントを中心にする客車のスタイルは欧風であったし、明るい配色でまとめられた車内の雰囲気は明るく、この列車の旅が楽しいものになることを予感させたのである。

短命に終わった「ジョイフルトレイン」

「サロンエクスプレス東京」はすぐに注目の的となり、その人気にあやかるかのようにして、全国の国鉄で同様の列車の製作が始められた。この当時の国鉄は、地方ごとに「管理局」という支所が設置されていたが、各管理局は営業面の統括も行っていたことから、各管理局がこぞって、団体輸送の専用列車を所有するようになったのである。まだ、日本が好況にあった時代には、団体列車の企画は、確実な集客が見込めるドル箱的存在だったのである。

この時に作られた車両は、そのほとんどが余剰となっていた中古車を改造して生まれたもので、外観、内装を子細に点検すると「厚化粧」となっている部分も発見することができたが、工夫を凝らして作られた車両は見ていて楽しく、いつしかこの車両群を総称する「ジョイフルトレイン」という言葉も生まれた。ゴールデンウィークなどの多客期には、「ジョイフルトレイン」が臨時列車として運転されることもあり、この列車には一般の乗客も乗ることができた。そのほとんどがグリーン車として作られていたことから、「ジョイフルトレイン」使用の臨時列車に乗車するには、相応のコストも必要となったが、ゆったりと作られた車両での旅には、一般的な特急型車両では感じることができない優雅さを感じることができたのである。

一時期は「百花繚乱」の様相を呈していた「ジョイフルトレイン」は、その活躍の期間はさして長いものとはならなかった。改造が施される前に、すでにそれらの車両には相応の運転歴があったこと、改造のために供出される車両は、往々にして、各車両基地の中でも状態が悪い車両が選ばれる傾向があったためだった。納期を急いだ改造工事には、作業が雑なものも少なくなかった。

それでも好調な需要が持続していたのなら、新たな「ジョイフルトレイン」が製作されることもあったのだろうが、時代が１９９０年代、さらに２０００年代となってゆくと、バブル景気の終了や、社会環境の変化もあって、団体旅行が企画される機会そのものが減ってしまったのである。旅行は少人数で行われることが多いものとなり、そのような旅行には、専用列車を利用する必要はなかった。

こうして「ジョイフルトレイン」はあだ花的な存在となって時の流れに埋もれてゆくことになる。ただ、内装、外装にさまざまな趣向を凝らしたカラフルな車両群に、もう一度出会ってみたいと考える人は少なくないはずだ。

現在でもＪＲには、団体輸送、あるいは観光客の輸送を強く意識して製作された車両があり、それぞれの路線の魅力のＰＲにひと役買っている。それは例えば、ＪＲ東日本が運行する「海里」、「おいこっと」、「リゾートビューふるさと」などで、これらの列車では「ジョイフルトレイン」の時代に培われたノウハウが活かされているということになる。

左右非対称デザインで利用者を驚かせた「リゾート21」

1985（昭和60）年の夏。静岡県を走る伊豆急行に7両1編成の新形式車が登場した。21世紀のリゾートの在り方を探るという意味合いを込めて「リゾート21」という愛称名が贈られたその車両には、設計に、これまでの電車にはなかったいくつもの新機軸が持ち込まれていた。

その最大のものは、この電車が左右非対称の形で作られていることで、それは室内のレイアウトだけでなく、側面窓の形状や、車体塗色についても、左右で意匠を違えるという演出がなされていた。

この時期の伊豆急行は、開業時から運転が続けられていた電車が後退期を迎えていた。車両数も不足していることから、車両の増備が計画され、当初それは同社の1000系を増備することとされていた。1000系は同社が開業時から運転していた100系を代替する目的で、100系の主要機器を流用しながら、車体を新しいものに取り換えることでイメージの刷新を図った系列だった。初めて導入されたのは1979（昭和54）年のことで、1000系は目新しさには乏しい部分もありはしたが、使い勝手の良い、安定した性能を示していたのである。

しかし、1000系を増備する計画には、当時の同社社長から待ったがかけられた。新しく車両を導入する以上は、乗客を喜ばせる、驚きに溢れた車両を作りたいというのが、その理由だった。そして、社長の意見が会社全体のコンセンサスとなり、社を挙げての新車開発が始められたのである。特に車体、内装のスタイリングに力が注がれ、会社の内外から、アイデアが募られた。どちらかといえば鉄道の専門家を自認する人ほど、考え方は保守的で、意見は新鮮味に乏しかった。

「車両の左右が非対称でも良いのでは？」

そんな意見を出したのは、デザインの仕事に携わる社外スタッフの１人だったという。この考え方を中心にブラッシュアップが繰り返され、やがてまとめられたコンセプトには、それまでの鉄道車両にはなかった斬新な、というよりも突飛といいたくなるようなアイデアがいくつも盛り込まれた。

車両は室内、車体を含めて左右は非対称でよく、側窓の形状、車体塗色も非対称でよい。この考え方に従って、側窓は山側のものはオーソドックスなスタイルとするが、海側のものは連続窓風の大窓とし、乗客にパノラマを見せるようなワイドな眺望を提供する。車内のシート配置もこれに呼応させて、山側は一人掛けのクロスシートを並べるが、海側は大型のソファーを海の方に向けて配置する。車体塗色は山側が白と青。海側が白と赤となった。先頭車の運転台の背後には、床を階段状態にしてクロスシートを配置し、乗客が運転台越しの前面展望を楽しめるようにする、などが大きなポイントで、その他にも、車両の端にある出入り台にも天窓を設けて、外光を取り入れるなど、伊豆を走る新しい観光列車にふさわしい演出がなされていったのである。愛称名は、先にも記したように未来のリゾートの姿を探るという意味から「リゾート21」と付けられ、これに合わせて形式名も２１００系となった。

運転が開始された伊豆急行２１００系は、利用者のみならず、日本の鉄道界に大きな衝撃を与えた。

そして、先頭車における階段状の座席の配置など、同様の意匠が後続する他社の車両でも積極的に採り入れられたのである。それはまさに革命と形容したくなる出来事だった。伊豆急行の２１００系は、5編成40両が製作され、今も2編成が塗装などを変えて、「黒船電車」、「キンメ電車」を名乗り、伊豆急行で運転されている。

こんなエピソードもある。２１００系は、観光の利用を考えて開発された車両だったが、あくまでも普通列車として運転される車両で、特別料金は不要である。しかし、運転開始直後に２１００系が駅にやって来ると、地元の利用者は乗車をためらったのだという。この車両の雰囲気が特急のそれと同じだったからである。伊豆急行の関係者は、この事象に戸惑ったことだろう。けれども「鼻が高い」思いをしたかもしれない。

2階建て新幹線100系の誕生

日本の鉄道の歴史を振り返った時に、最も多くの乗客を運んだ路線は、間違いなく東海道新幹線ということになる。長距離を走る16両編成の列車が、1時間に10本以上運転される路線は世界的にも例がなく、その輸送力が日本にもたらした経済効果は図りしれない。

しかし、開業以来、東海道新幹線に充当されてきたのは0系で、先にも記したように、この形式は、豪華さという点では物足りなさがあることも事実だった。

そんな0系新幹線の後継車となる100系が誕生したのは1985（昭和60）年のことで、10月1日から営業運転が開始された。0系は総計3216両が製作された名車中の名車であったが、時代が昭和50年代を迎えると、世界の高速列車にも、時代のニーズに対応した質の高い内装を備えた車両が登場するようになり、国内においてもさまざまな私鉄に趣向を凝らした列車が登場して、昭和30年代の設計を基本的に踏襲している0系の設備に、見劣りが感じられるようになっていたのである。

100系新幹線の開発に際して掲げられたキーワードが「高品位」であった。そのコンセプトは、客室には大型バケットタイプのシートを配置して、乗客1人あたりの十分な居住空間を確保することや、奇数号車と偶数号車でインテリアの配色を変えて室内の雰囲気にも変化を与えることなど、ゆとりある設計に反映され、乗務員室についても、機器の配置を見直して居住性を高めるといった改良に反映されることになった。

そして100系のシンボルともなる車両が、10月の運転開始から少し遅れる形で組み込まれていった。2階建て車両の登場である。

まず100系に2両が組み込まれた2階建て車両は1両をグリーン車、1両を食堂車とし、グリーン車は2階を開放席、1階を個室とした。この個室は1人用、2人用、3人用と作り分けられ、用途に応じてチョイスができる。個室は他の乗客との距離が保てるだけに、1人でいる時間を大切にしたいと考える乗客や、小さな子供連れで、回りに気を使わずにいたいと考える乗客に好評だった。

一方の食堂車は2階席からの、この時代に増えていた線路の脇に建つ防音壁に遮られることのない眺望が好評で、2階建て食堂車には営業開始前から入口に行列ができる盛況となった。充実した設備を誇る100系の魅力はたちどころに利用者に知れ渡り、出張に際しては100系が充当される列車を選んで、指定券の手配をするビジネスマンも少なくなかった。

たちどころに人気車両となった100系は、その後も増備が続けられ、さまざまな新バージョンも製作されてゆく。1987(昭和62)年から製作が開始された通称「G編成」では、従来は食堂車が設けられていた場所にカフェテリアを設置し、ここに駅弁やスイーツ、飲み物をずらりと並べて、乗客が自席に持ち帰って食すという趣向を採用し、新幹線に新たな魅力を付け加えたのである。

「グランドひかり」の登場と2階建て車両のその後

こうして増備が続けられた100系には、JR発足後の1989(平成元)年に新たなバージョンが生まれている。JR西日本が製作した「V編成」は、16両編成中に4両の2階建て車両を組み込み、新幹線車両の中でも随一の車内設備を誇るに至った。9編成144両が製作されたこのグループには、「グランドひかり」の愛称名も付けられ、東海道新幹線の主役の座に躍り出る。

16両編成中に4両の2階建て車両が編成中央に連結された姿は凛々しく、内装の面でも改良が加えられ、2階建て車両の1階部分に設けられた普通車指定席も、1列を4席という、ゆったりとした配置にして好評を得た。新幹線は確かに速達性をセールスポイントにする列車であったが、だからといって車内で過ごす時間を苦痛の伴うものにして良いはずがなく、列車を単なる移動手段と捉えるのか、それがビジネスのためであれ、旅のひと時をくつろいで過ごす乗り物と捉えるのか、その考え方次第で、作り出されてくる車両にも差異が生まれるのは当然のことだった。ゆとりをもって製作された「グランドひかり」100系V編成は、この時代の、世界の高速列車のトップをゆく居住性を備えた車両だったのである。

そんな100系新幹線も、2012（平成24）年3月16日の運転をもって、全車が運転を終了した。最高速度220㎞／hという性能は、「のぞみ」用300系が登場した後にはあまりにも見劣りがし、ダイヤ設定上のネックとなってしまったのである。

こうして、100系の運転は誕生からおよそ27年で終了した。初代新幹線車両の0系が初期車の誕生から40年以上運転され続けたのに比べればあまりにも短い。つまり、登場が遅すぎたのである。

ともあれ、登場時の100系新幹線は、利用者に十分過ぎるほどのインパクトを与えた。本来的には高速運転を身上とするはずの新幹線が、高速運転には有利とは思われない2階建て車両を導入して成功させたことが、2階建て車両が備えるポテンシャルを広く知らしめてみせたのだった。これまでは、大阪の路面電車や、近鉄の「ビスタカー」、修学旅行用電車「あおぞら」など、わずかな例しかなかった日本の2階建て車両が、一気に増えたのがこの時代だった。

1989（平成元）年にはJR東日本が東海道本線中距離電車に組み込むことを目的に、211系用のサロ213・212形と113系用のサロ125・124形を製作。これらの形式は、エンターテイメント性を重視したものではなく、単に客席数の増加を図って2階建て構造としたもので、同様の考え方から2階建て構造を採用した車両には試作的に常磐線に投入されたクハ415－1901や、同じく常磐線に投入されたサロE530・E531形、10両1編成を機械室を除いてすべて2階建て構造としたE215系、E1系新幹線、その後継車となるE4系新幹線、京阪8000系などがあり、それぞれに初期の目的を果たしてみせた。

一方で、2階建て車両には、乗降に時間がかかり、乗客、あるいは乗務員の車両の通り抜けにも時間がかかり、オールマイティではないことが理解されるようになり、現在は用途を限っての運行が続けられている。

100系新幹線が、結局は2階建て構造がウィークポイントとなって第一線からの撤退を余儀なくされたように、列車の高速化や、車両の軽量化が至上命題となっている今日の鉄道において、2階建て車両が活躍する場は多くはないのかもしれないが、夢のある新型2階建て車両の再度の登場に期待したい。

飛行機と競争する新幹線の工夫

「グランドひかり」が東京～博多間を往復するようになった東海道・山陽新幹線は、日本の大動脈に成長した感があったが、皮肉なことにこの時代から、日本の鉄道の長距離輸送は、航空機にシェアを奪われる形で、輸送量を減らしてゆく。

その傾向は新大阪と博多を結ぶ山陽新幹線でも顕著で、この時代からは航空機対新幹線という対決の図式が明確になってゆく。

ＪＲ発足からおよそ1年が経過した１９８８（昭和63）年３月13日からは、新大阪～博多間で「ウェストひかり」の運転を開始。この列車にはＪＲ西日本が所有する０系を使用し、車体塗色、内装を変更。車体塗色については、窓回りの青の下に、細い青帯を追加して、在来の０系との差別化を実施。併せて従来はアイボリーと称するやや黄色味を帯びた白についても、パールホワイトと称するピュアな白への変更が行われている。

内装は大々的な変更が行われた。普通車の座席も1列を4席の配置として居住性を改良。12両編成で運転される「ウエストひかり」については、グリーン車と「シネマカー」を連結し、「シネマカー」は、定員38名の映写室と、ビジネスルーム３室からなり、映写室では映画作品が上映された。ただ、本格的な映画を楽しむためには、山陽新幹線のスピードが仇になるという皮肉な面もあって（まして、岡山や広島で下車する乗客には、映画を楽しむことは難しかった）、この車両の利用率は低く、上映は１９９４（平成６）年3月いっぱいで中止となった。

そして「ウエストひかり」の運転も２０００（平成12）年4月21日に運転を終えるが、山陽新幹線を走る、アッパーグレードの列車というコンセプトは、２０００（平成12）年３月11日から新大阪～博多間で運転を開始した「ひかりレールスター」に引き継がれた。

「ひかりレールスター」には、この列車専用としてＪＲ西日本が開発した７００系７０００番代が充当され、現在も運転が続けられている。７００系７０００番代は8両編成。内装は、従来の７００系新幹線からのグレードアップが果たされ、いかにもＪＲ西日本の車両らしいブラウン系を基調にしてまとめられた内装が落ち着きの感じられる空間を創出している。新大阪寄りの先頭車となる8号車の運転台背後には、定員４名のセミコンパートメントが設けられており、グループでの打ち合わせなどに使用できる。

山陽新幹線が開業以来、航空機との競争を強いられていることは、明治の私鉄・山陽鉄道が瀬戸内海の汽船との競争を強いられた図式に似ているが、いつの時代も関西対九州というのは輸送シェア争いが生じやすい距離ということなのかもしれない。現代においても５００系に子供向けの疑似運転台を設けたり、期間限定で「プラレール」を乗せたりというさまざまな趣向がこらされている山陽新幹線だが、利用客を楽しませるさまざまな試みは、これからも続けられてゆきそうな気配である。

寝台車の改良。事故を契機に見直された客車の構造

１９５８（昭和33）年に登場した20系客車は、豪華な内装で一世を風靡したが、それから10年が経過すると、設備の面でも刷新が求められるようになった。加えて20系客車で採用された編成ごとに電源車を用意する方式は、列車の分割を容易には行えないというディスアドバンテージがあり、事実、

途中で編成の分割を行う「さくら」、「みずほ」などの列車では、分割を行う駅に電源車を待機させておくことで、2つに分かれた列車のそれぞれに電源車を連結するという方式が採用された。しかし、この方式は手間がかかることから、12系客車で成功させた床下に搭載した発電機から供給する方式を、新たに製作する客車でも採用することとし、電源分散方式と呼ばれる新方式を採用した14系客車が完成。1971（昭和46）年から運転を開始した。

14系客車の大きな特徴は、電源方式だけでなく、車内設備を見直したことにもあった。14系客車は座席車と、寝台車の2つのバージョンが製作されているが、寝台車では1人あたりの居住空間の確保が大きなテーマとなり、B寝台車のベッドの幅は70㎝となって、これは581・583系のB寝台の上・下段の幅と同一となった。また、寝台使用時のクリアランスについても工夫が加えられ、上段・中段の乗客が使用するハシゴについても、折り畳み式のものが窓側に固定されて、保守作業を含めた省力化が推進されている。

こうして寝台車のスタンダードになる気配を見せていた14系だが、日本の客車の歩みを変えることになる運命的な事故が発生する。それは1972（昭和47）年11月6日未明に起こった。北陸トンネルを通過中の501列車急行「きたぐに」の食堂車付近から出火があり、列車はトンネル内に緊急停車。しかし、瞬く間に火の手が広がり、トンネル内に煙が充満。最終的に30人の死者と、714人の負傷者を出す大惨事になったのである。

多くの大事故がそうであるように、この事故も不幸な偶然が重なって被害が拡大した。あと数分出火が遅かっただけでも、列車はトンネルを抜け終わっていて、乗客は列車の外に避難できたことだろう。事故の発生直後に架線が停電する不幸な事故が重なっていなければ、同じように列車はトンネルを抜けることができていた。

事故の原因は、たちまちのうちに究明されて、運転の法規も改定される。教訓は活かされたのだった。事故の原因は配電盤の漏電とされたが、客車の使用素材、構造についても見直しが行われ、14系で採用された、床下に発電機を搭載するシステムも、安全面を重視して見直しがなされることになった。

こうした経緯から、20系客車と同様に電源車を連結して走る「電源集中方式」の客車が再度製作されることになり、それは24系と名付けられた。

以後、24系は寝台客車のスタンダードとなって多くの派生形式を生み出し、14系客車についても構造の見直し、難燃化対策が実施されて戦列に復帰するが、もし、火災事故が発生していなかったら、日本の客車はその後、どのような形に発展していたのか?もちろん、その答えは解らないのだが、日本の客車のスタイルは、1つの事故をきっかけとして、大きく変わっていったのである。

人気の凋落を救うべく行われた客車の改造

14系の懸念を払拭すべく、新しい寝台客車のスタンダードとして開発された24系客車は1973（昭和48）年に登場した。初期に製作されたグループは、電源方式を変更した以外は、基本的に14系の設計を踏襲したが、さらなるサービスの向上を図り、従来は3段式のベッドを採用していたB寝台についても、これを2段式に改め、居住性のさらなる改善が図られたグループが追加された。

しかし、国鉄が運転する寝台特急は、この頃から利用客の減少に悩まされるようになった。航空機運賃の低廉化、リーズナブルな料金の宿泊施設の増加、自動車道の延伸に伴う夜行バスの増便などがその理由で、しかし、国鉄は大幅な料金の改定などは行わず、いわば赤字の垂れ流しを続けたのである。

もちろん、サービスを改善し、利用客の増加を図る試みも行われた。１９８４（昭和59）年には、改造によって14系客車に４人用個室「カルテット」が誕生し、特急「さくら」、「みずほ」に組み込まれた。１９８５（昭和60）年3月には特急「はやぶさ」にフリースペースとして使用できるロビーカー1両を増結。これももちろん、サービスの向上を図る方策で、1両の増結によって編成の重量が増加したことから、この列車の牽引機には、元々は高速貨物列車用として開発されたＥＦ66形が抜擢された。ＥＦ66形はヨーロピアンスタイルとも形容されたスマートな外観が魅力的な機関車で、貨物列車を引くのみだった使用法を惜しむ声も上がっていたが、この変更によってＥＦ66形＋「ブルートレイン」という夢の組み合わせが誕生したのである。これはもちろん、ファンを狂喜させた。

１９８７（昭和62）年には特急「あさかぜ１・４号」に連結される食堂車のグレードアップを実施。内装は星空をイメージしたものに一新され、メニューについても見直しが行われた。この時には寝台車でも改造が実施され、ベッドの表地の変更や、寝台個々の密閉性を高める改良が行われている。

さらにＪＲが発足した直後の１９９０（平成2）年3月10日からは京阪神と九州を結ぶ寝台特急と

して長い間運転されてきた特急「あかつき」と「なは」に、「レガートシート」と名付けられた座席車を連結。これは大型のリクライニングシートを3列でゆったりと配置したもので、競合交通機関となる夜行バスのスタイルにならったものとされた。料金についても、通常の寝台車を利用するよりも安く、つまり夜行バスを利用していた層の取り込みを狙った方策だった。

しかし、こうしたさまざまな方策が九州に向かう寝台特急の窮地を救うことにはならなかった。つまり、この時代の寝台特急は、飛行機や新幹線に比べれば遅く、夜行バスに比べれば料金が高い、中途半端な存在となってしまったのである。利用客が減少し始めた時に、何かの魅力的な策が打ち出されていれば、その後の運命もまた変わったものとなっていたのかもしれないが、組織としての疲弊が進んでいた当時の国鉄が、大胆な策を講ずることはなかった。

寝台特急「北斗星」の登場

1988(昭和63)年3月13日、本州と北海道を結ぶ海底トンネル、青函トンネルが開通した。この開通と同時に運転が開始された上野と札幌を結ぶ寝台特急が「北斗星」だった。

青函トンネルを掘削する構想は、古く大正時代には掲げられていたというが、これは当時の土木技術と照らし合わせてみても、夢物語であった感がある。長大な海底トンネルを建設する機運が高まり始めたのは、1115名もの犠牲者を出した、1954(昭和29)年9月26日の青函連絡船洞爺丸の沈没事故の発生あたりからであったという。もしも、津軽海峡を結ぶトンネルがあったなら、ここを船で渡る必要はなくなり、安全性は飛躍的に向上する。そして青函トンネルは１９６１（昭和36）年３月23日に工事に着手され、およそ26年の歳月をかけて開通した。

全長53・85㎞のこのトンネルを走り抜ける列車は、電車特急、客車使用の快速列車など、幾通りもが設定されたが、その中で最上位に位置付けられた感のある列車が、上野と札幌を結ぶ寝台特急「北斗星」だった。

この時代に全国を走る寝台特急は、退潮傾向の中にあった。航空機の料金が低廉化し、全国の主要駅の駅前にはリーズナブルなビジネスホテルが立ち並ぶようになった時代に、昔と変わらない客室設備と、変わらない料金設定のままだった寝台列車は、旅行客にとって魅力ある選択肢とはならなかったのである。

けれども特急「北斗星」は豪華な客室設備を備えた列車として登場した。それは恐らく北海道連絡という使命を担ったこの列車には、観光客の利用があることが想定されていたのだろう。そして、この想定は当たり、運転開始から長い間、特急「北斗星」は指定券の入手が困難な状態が続いたのである。豪華な寝台列車を使って青函トンネルを潜り、朝になったらそこは北海道という特急「北斗星」のストーリーは、確かにドライなものになりがちな航空機の旅にはない夢が備わっているようだった。

特急「北斗星」用の客車は、在来の24系客車を改造して使用された。編成の中で最も豪華な設備とされたのが、計８室のみが設けられた１人用Ａ個室「ロイヤル」で、この部屋には専用の設備として、シャワー、トイレ、洗面台、ビデオモニターが置かれ、ベッドは補助ベッドを使用すればダブルベッドにもなる幅の広いものだった。ウェルカムドリンク、モーニングサービスもあり、食堂車からのルームサービスも受けることができ、運転開始時には「ホテル並みの居住性」と喧伝されたのが、この部屋だった。また他の個室として、2人用A個室「ツインデラックス」、1人用B個室「ソロ」、2人用B個室「デュエット」もラインナップされ、どれも指定席の入手は困難だった。これらのチケットは発売開始から秒単位での争奪戦が行われ、あるいは出発直前にねばり強くキャンセル待ちの手配を続けた運の良い人が手にすることができるプラチナチケットとなったのである。

この他の解放式寝台は、基本的には従来の設備が踏襲されていたが、共用スペースとしてのロビーを使用することができ、チケットを購入することでシャワーを利用することもできた。列車へのシャワーの設置は、戦前の特急「富士」以来のものとなった。

食堂車のメニューにも贅が凝らされ、ここではフランス料理のコースが提供された。予約制のフルコースは7000円。今日よりもまだ物価の安い時代のことだったから、7000円という価格は安いものではなかったが、それまでの食堂車のものよりも遥かにクオリティの高い料理が提供された。

特急「北斗星」は、たちまちのうちに人気列車となり、すぐに臨時列車が増発されて3往復体制となり、チケットを入手できなかった人を救済する措置として、同じ上野〜札幌間に臨時寝台特急「エルム」も運転されている。こちらは、シンプルな設備の列車だったが、青函トンネルを潜って北海道に行ける列車である点は、「北斗星」と変わりなかった。特急「北斗星」は、寝台列車の旅の楽しさを、改めて多くの人に知らしめたのである。

「北斗星」を凌駕した「トワイライトエクスプレス」

特急「北斗星」の成功に続く形で、大阪と札幌を結ぶ豪華寝台特急の運転も開始される。運転が開始されたのは１９８９（平成元）年7月21日のことで、当初は旅行会社の企画商品としての運転開始であったが、多くの要望に応える形で、同年の12月２日からは臨時列車としての運転となり、一般の利用も可能になった。

列車の名前は「トワイライトエクスプレス」。日本海に沈む夕日を列車の中から眺めることができるということにちなんだネーミングで、その名の通りこの列車は、およそ24時間を費やして、湖西線、北陸本線、信越本線、羽越本線などを経由して日本海沿いを走り、日本海沿いの美しい車窓風景を随所で堪能できるのだった。実際に、この列車が海沿いを走る時に夕日が日本海に沈むのは、ゴールデンウィーク明けの1週間程度と、お盆明けの1週間程度のことであったといい、もちろん悪天候の日には夕日を眺めることはできない。それでも、この列車のそんなセールスポイントは、確かに鉄道の旅の楽しさを的確に伝えたものであるようだった。

車両には、これも特急「北斗星」と同様に在来の24系客車を改造して充当したが、車体塗色をそれまでの青から緑に変え、内装も念入りな再整備が行われて、特急「北斗星」用24系の上をゆく居住性が確保された。

もちろん、個室も用意され、特に編成の大阪寄り最後尾に設けられた定員2名1室のみのA個室「スイート」は、車両の妻面に作られた大窓から、列車の後ろに流れ去ってゆく風景を独り占めできるとあって、垂涎の的となったのである。

「スイート」の室内には専用のシャワー室、トイレ、洗面台、ビデオモニター、冷蔵庫なども設けられ、北斗星用「ロイヤル」の上をゆく存在となった。「スイート」は2号車にも1室が設けられている。

この他に1人用A個室「ロイヤル」、2人用B個室「ツイン」、1人用B個室「シングルツイン」(補助ベッドを使用して2名での利用も可能)、4人コンパートメントなど多彩な客室がしつらえられ、一般的な開放式B寝台もリニューアル工事が施されていた。

食堂車「ダイナープレヤデス」は3号車に連結。やはりコース料理が設定され、全国から食堂車が姿を消してしまった時代には、下り列車として運転される「トワイライトエクスプレス」のみはランチが提供される食堂車として人気が出るという一コマもあった。

食堂車の隣に連結されるサロンカー「サロンデュノール」も、この列車の豪華さを象徴する存在となった。フリースペースのサロンとなっているこの車両は、ソファータイプの長いイスが海の側に向かって横向きに並べられ、天井部分まで広げられた大きな窓から日本海の夕景を楽しめるという演出がなされていたのである。もっとも、この席は列車が大阪を出発して早々に満席となってしまうことが多く、席をゲットするためには、足しげく車両に通って、席の空き具合を確かめなければならなかった。

もちろん、この他にもシャワーなどの設備を備えた「トワイライトエクスプレス」の豪華さは、たちまちのうちに広く知れ渡り、わざわざ一度大阪まで出向き、そこから「トワイライトエクスプレス」に乗って北海道に向かった関東在住のファンも少なくなかったという。

特急「トワイライトエクスプレス」の魅力は、設備の豪華さだけでなく、列車としての楽しさに溢れていることだった。それはこの列車がお昼過ぎという寝台列車としては早い時間帯に出発し、長い時間を過ごす車内でさまざまな楽しみ方ができたことと、この列車に多く乗っていた関西人特有の人懐っこさ、テンションの高さが創り出したものでもあったようだ。

特急「トワイライトエクスプレス」は、北海道新幹線の開業に合わせる形で、２０１６（平成28）年３月21日にすべての運転を終了するが、今もこの列車の廃止を惜しむ声は多い。

オール個室＆オール2階建ての「カシオペア」

「北斗星」と「トワイライトエクスプレス」は、共に北海道連絡の豪華寝台特急として大きな成功を収めた。２つの列車の成功を受ける形で、さらなる豪華特急が、上野～札幌間に登場する。１９９９（平成11）年７月16日の、寝台特急「カシオペア」の運転開始である。

この列車は当初から、現代の最も豪華な寝台列車を仕立てることを目的として開発が進められた。

使用する車両はすべてＡ個室を装備したオール２階建てとし、そのすべてを新製とすることも決定した。その点も、豪華な設備を有しながら、車両自体は中古のものを改造して使用した「北斗星」、「トワイライトエクスプレス」との大きな違いとなった。

「カシオペア」用として新製された客車はＥ26系と名付けられた12両の客車で、ＪＲ東日本が１編成のみを製作した。

編成は12号車のみを床下に発電ユニットを装荷したハイデッカー構造とし、他の11両はすべてダブルデッカー構造となった。車体の素材には12号車階上の展望席部分を除いてステンレスが使用され、これは車両の軽量化に寄与している。素材にステンレスが選ばれた車体は、いかにも現代の車両という雰囲気を醸し出し、24系客車、50系客車からの進歩を感じさせた。

Ｅ26系の車内は、すべて２人用Ａ個室となっている。このうちスロネフＥ26形と、スロネＥ26形については各部屋をメゾネットタイプとし、室内に階段を設置。２階をリビングとしてソファーを設置、１階にツインのベッドを配置している。スロネＥ27形は２階、１階とも個室とした構造だ。

編成の上野寄りの端、つまり下り列車の最後尾１号車に連結されるスロネフＥ26形は定員８名。このうち車端部となる部分には平屋構造の２人用Ａ個室「カシオペアスイート」が設けられ、もちろんこの部屋からは、走行する列車の後方に去ってゆく風景を独占することができる。編成の反対側、12号車には基本的にカハフＥ26形を連結。この車両の階上部分はフリースペースのラウンジとなっている。編成の下り寄り先頭に連結される車両であることから、妻面の窓から見ることができるのは牽引機の姿ということになるが、編成の向きが変わる青森～函館間では、この車両から列車後方の眺めを楽しむことができた。

食堂車は３号車に連結される。豪華なコース料理が提供されるスタイルは「北斗星」、「トワイライトエクスプレス」と同様で、モーニングとパブタイムは予約なしでも利用が可能。時には行列ができることもあった。

そんな「カシオペア」は間違いなく同時代の日本の最高水準をいく列車だったが、少し残念だったのは、フリースペースがさほど広いわけではなく、列車の発車時間が「トワイライトエクスプレス」と比べると遅かったことから、乗客が早々に各個室に籠ってしまい、乗客同士のコミュニケーションが取られる機会は少なかったことである。これはとにかく人懐っこい関西人と、関東の人間のキャラの違いにも起因したことだろうが、こと車内の明るい雰囲気という点では、「トワイライトエクスプレス」に軍配が上がっていた。

それでも、下り列車であれば夜が明けた後に、車窓に北海道の広大な風景が現れるストーリーは十二分に楽しく、「北斗星」、「トワイライトエクスプレス」などを含めた、北海道連絡の寝台列車の魅力を、十分に堪能できたのである。

そんな「カシオペア」も北海道新幹線の開業を受ける形で、２０１６（平成28）年３月20日札幌発の列車をもって、運行が終了した。残されたE26系は、企画商品の形で運行が続けられているが、誰もが気軽に乗れる存在ではなくなってしまったことも事実である。旅行好きの誰もが思い立った時に、気軽に利用できる北海道行の寝台列車が、1往復くらいは残っていても良いように感じられるのだが、もうそのような列車が運転されることはないのだろうか。

寝台列車の最終形？　3両だけ作られた「夢空間」

昭和の後期以降、最も利用客を減らした列車は、寝台列車だろう。列車の中で夜を明かし、朝に目的地に到着するという移動手段は、旅の目的がビジネスであれ、あるいは観光であれ、時間を有効利用する上での有力な選択肢となるはずなのだが、旧来の規定を時代のニーズに即したものに変更しなかった国鉄の営業施策が、利用客からそっぽを向かれたのである。

規定では、寝台料金は一般的な旅館の素泊まり料金に準ずるものと定められていたが、昭和後期ともなれば、国鉄が定めたその寝台料金と同等の料金で、ビジネスホテルの利用が可能になっていたのである。それであれば、どちらを利用するのが快適かは一目瞭然で、寝台列車は日を追って利用客を減らしていった。しかし、寝台利用の料金が見直されることはなく、多くの寝台列車が「空気を運ぶ」状態での運転を続けたのである。これは明らかに組織の在り方に問題があったはずである。

そのような姿になった寝台列車を見直すべく、ＪＲ東日本が「夢空間」と名付けられた3両の客車を試作した。車両が完成したのは１９８９（平成元）年のことで、同年に開催されていた「横浜博覧会」で展示された後、営業運転に使用されている。

３両は「デラックススリーパー」オロネ25 ９０１、「ラウンジカー」オハフ25 ９０１、「ダイニングカー」オシ25 ９０１という内訳で、形式名からも解るとおり、24系グループの一員とされ、改造ではなく、純然たる新製車両として製作されている。オロネ25 ９０１は、いずれの部屋にもバスルームを備えた２人用Ａ個室３室が備えられ、オハフ25 ９０１は共用のフリースペースを有するロビーカーで車内には自動演奏もできるピアノを設置、オシ25 ９０１は編成の端に連結されて使用される食堂車で、定員18名の客席のほかに、定員４名の個室と厨房を備えていた。

いずれの車両もが、ヨーロッパを走る「オリエント急行」を意識して設計されたといわれ、調度品も優雅でクラシカルな雰囲気のものが用いられている。

「夢空間」は在来の寝台特急「北斗星」などに増結されて臨時列車として走り、北海道や九州にも乗り入れ、その存在が知られると、これも指定券の入手が困難な、人気列車となったのである。

ＪＲ東日本が「夢空間」を試作したのは、未来の寝台列車のあるべき姿を探るため、と謳われてのものだった。事実、この時代には日本の客車列車はひん死の状態にあり、国鉄・ＪＲが客車を製作開始したのは、一般形となる50系が１９７７（昭和52）年、特急形になると24系の１９７３（昭和48）年まで遡らなければならなかったのである。その見地からするのであれば、「夢空間」の試作は必要なテーマであった。

しかし、「夢空間」に続く寝台客車が量産されることはなく、１９９９（平成11）年に「カシオペア」用Ｅ26系が12両製作され、これに「夢空間」で培われたノウハウが活かされたとアナウンスされるにとどまった。そのE26系客車も、豪華な内装は評価を得たが、2階建て構造の複雑さが災いしたのか、その後の増備がなされることはなく、今日に至っている。

「オリエント急行」が走ったヨーロッパでは、今日でも客車列車が鉄道の重要なポジションを占めている。それはモーターが取り付けられていない客車が、電車にはない静謐性を備えているからで、やはり電車からは1ランク上の居住性が提供され、旅客列車の主役となっている。

「夢空間」で得られたはずのノウハウが、これからの鉄道に活かされることがあるのかは、不明瞭なままだ。

四国の鉄道　海洋堂・トロッコ列車

こうして全国各地で、利用客を喜ばせる趣向を凝らした車両が続々と登場する中で、唯一四国の鉄道だけは、その動きから取り残された感があった。四国島内を走る列車は、どれも「ブルートレイン」のような長距離を走る列車はなく、いきおい乗客が車内で過ごす時間を楽しむための工夫が求められることはなかった。JRが発足した当時も状況が変わることはなく、1988（昭和63）年4月の瀬戸大橋の開通は、東京や、岡山を起点とする列車の直通を実現させたが、それらの列車が四国島内を巡回するようなことはなく、北海道や、例えば京都のような多くの観光客を呼び込むことができるスポットも少ない四国には、観光色の強い列車が設定されることもなかったのである。

そんな四国の鉄道も、近年はわずかながら姿を変えている。国鉄時代の1984（昭和59）年7月21日から、予土線で運転が開始された「清流しまんと号」は、そのユニークさが話題となり、以後に起こるブームの引き金となった列車だった。

「清流しまんと号」は宇和島と窪川を結ぶ予土線の定期列車に連結されて走る。車両はトラ45000形無蓋貨車を改造したコトラ152462で、室内にベンチ状の座席を配置し、簡易構造の屋根を取り付け、妻面には隣の車両への移動が可能になるよう貫通路が設けられた。それが主な改造箇所で、すなわちこの車両は、外観も、その走り心地も、砂利などを乗せて走った貨車時代とほとんど変わりなかったのである。

この列車が受けた。たとえ乗り心地が悪くても、それは乗客にとっては承知の上のことであり、もとより乗車時間が長くなるわけではないから、我慢のできないものではない。それよりも側面に壁も窓もない開放的な構造の車両は、ひとたび列車が走り始めれば、風が吹き込む。その風を受けながら沿線に広がる四万十川の眺めを楽しめるという趣向は、魅力あるものだった。ありていにいって、遊園地のアトラクションを鉄道で楽しむようなものだったのである。

「清流しまんと号」のヒットにより、その後同じ趣向の列車が続々と登場して、それはトロッコ列車の名で親しまれた。その中にはJR北海道の「ノロッコ号」のように、厳冬期に走るものや、京都の嵯峨野観光鉄道のように、全列車がトロッコ列車で運行されるものもあって、そのスタイルは実にさまざま。登場時にはいささか突飛な印象もあったこの意匠は、今では魅力ある列車の運転方法として、すっかり市民権を得た感がある。四国の西の端で運転された小さな列車が、日本の鉄道の歴史を動かしたというところだろうか。

２０１４（平成26）年３月15日には、同じ予土線で「鉄道ホビートレイン」の運転が開始された。これは予土線の全通40周年を祝うイベントの一環として行われたもので、車両にはキハ32 3を使用。驚いたのは、この車両の窪川寄りの先頭部をカウリングで覆い、０系新幹線に似せたことだった。車体塗装は側面も含めて白と濃い青の塗り分けとなり、そのいでたちはまさに「四国の新幹線」。もっともこの新幹線は走行関連機器はキハ32のオリジナルから変更はなく、ひとたび列車が勾配区間に差し掛かると、エンジンの音は高らかに、しかしその足取りはずいぶんとゆっくりとしたもので、スイスを走る「氷河急行」のキャッチフレーズ「世界一遅い急行」になぞらえるなら、こちらは「世界一遅い新幹線」ということになるのかもしれない。その、本家新幹線とは全く異なる足取りに、「新幹線のイメージからはかけ離れたものだ」という抗議があったとも噂されたが、こういう車両はそのギャップを楽しむべきもので、どこかコミカルな「鉄道ホビートレイン」は、ファンもそうでない人も、存分に楽しませたのである。

トロッコ列車と、０系新幹線モドキ。この２つの列車が果たして豪華列車の範疇に含まれるのか。その答えは人それぞれということになるのだろうが、両列車がたたえる遊び心は、日本のどの列車にも負けていないように思われる。

第7章　バブル崩壊から平成、令和へ

常磐線との地域密着を謳った651系の登場

1987（昭和62）年3月31日に、115年の歴史を数えた日本国有鉄道は消滅し、翌日にはこの組織の受け皿として、民営会社のＪＲが発足した。国鉄の分割・民営化は、巨大化かつ疲弊したことで、経営的な行き詰まりを顕著にしていた組織を再生させるための、政治的な決着だった。その成果については、今日でもさまざまな評価があるが、ともあれこの施策の断行によって、日本の鉄道が大きく姿を変えたのである。

民営会社として発足したＪＲ各社は、それまでの呪縛から解き放たれたかのように、独自のスタイルを前面に押し出して、会社の新生をアピールしてみせた。それは運行する車両についても当てはまることで、ＪＲ発足後に製作された各社の車両は、国鉄時代とは真逆のベクトルを示してみせたのである。

そのトップランナーとして運転が開始されたのが、ＪＲ東日本の651系だった。常磐線の特急「スーパーひたち」用として開発されたこの形式は、当初から常磐線での運転を念頭にして開発が進められた。それまでに、すなわち国鉄時代に開発された車両というのは、それが特急型であれ、通勤型であれ、全国でのあらゆる線区で運転が可能なように、高い汎用性をもって開発されるのが常で、それが車両の運用を自由なものとし、経済性の面でも有効と考えられていたのである。全国に路線を有する国鉄であれば、これは当然のことで、国鉄時代には、全国で定期的な車両の異動が行われ、路線ごとに生じる車両の過不足を補っていたのである。

しかし、ＪＲが発足したことで、このような考え方を優先する必要がなくなり、運転する線区を特定することで、ニーズに合わせた車両を開発することができるようになったのである。

６５１系は、常磐線で特急として運転することから、ビジネスユースの乗客が多いことを想定し、機能性を重視した設計とされ、これは後には廃止されてしまうが、衛星放送の受信モニターも設置された。車体デザインと塗色も、国鉄時代からの慣例に則ることはせず、車体は「タキシードボディ」と形容されるスタイリッシュなものとなり、車体塗色も赤とクリームの塗り分けという国鉄の慣例から脱却して、パールホワイトとライトグレーの塗り分けという斬新なものを採用した。

見る者に強い印象を与えた６５１系特急「スーパーひたち」は、たちまちのうちに人気列車となり、それは常磐線のイメージアップにも貢献した。国鉄時代の常磐線といえば、東海道本線や中央本線よりも格下に位置付けられた路線とされ、運転される車両も、他線区から転属してきた「お下がり」というのが定番になっていたからである。６５１系は、そのイメージを過去のものとした。

確かに運用の面では不利な部分も生じる可能性があるこのスタイルは、けれども鉄道会社の地域密着を謳うには好ましい戦略とも捉えられるようになり、以後は積極的に採用されてゆく。それは国鉄時代からの１８０度の方針の変更だった。

伊豆への観光輸送に特化した251系

651系がビジネスユースを意識した作りであったのに対し、観光輸送に特化して製作されたのが251系だった。運転が開始されたのは1990（平成2）年4月28日で、この車両のキャッチコピーとして使用されたのが、「乗ったらそこは伊豆」というもの。すなわち、開発段階から伊豆への観光輸送に使用することが念頭に置かれていた車両だった。その意味では、用途こそ対照的ではあるものの、この前年に運転が開始された651系に似通った開発経緯をもっており、汎用性を重視した国鉄時代の車両開発コンセプトからの、大いなる転進を印象付けたのである。

観光列車として使用する車両であることから、251系は贅を凝らした作りとなった。編成は10両。下り寄り先頭に連結される1・2号車と、上り寄り先頭となる10号車を2階建て（ダブルデッカー）構造、残りの7両をハイデッカー構造とした、この時代のトレンドを採り入れ、側面の窓も可能な限り大きくして、観光列車にふさわしいものとしている。

内装は、編成を「グリーン」「カスタム」「グループ」の3種類に分けて考え、それぞれに求められる資質を最大限にフューチャーするスタイルが採られている。

「グリーンユニット」は、編成の1・2号車。共に2階建てのグリーン車で2階を開放式のグリーン席とし、1階は1号車がグリーン車となるサロン、2号車が4人用個室3室を配置したグリーン個室となっている。また先頭部の3列9席は、伊豆急行2100系「リゾート21」と同様の、座席を階段状に並べた展望席としている。座席を階段状に配置するスタイルは、この他にもジョイフルトレインで採用された例もあって、この時代のトレンドとなっていた手法だった。グリーン席には、ウェルカムドリンクと、おしぼりのサービスがあり、サロン室で作られる軽食、飲み物のシートサービスも行われていた。サロン室はフリースペースで、片隅にカウンターが作られ、軽食、飲み物が提供される。まさに、至れり尽くせりのサービスが展開されていたのである。

「カスタムユニット」は、編成の3～8号車を占める。ここは開放式座席を配置した普通車となるが、やはり側窓は大型化され、ハイデッカー構造の客席からの展望が楽しめた。

「グループユニット」は、9～10号車となり、ここにはグループでの利用に好適なセミコンパートメントを配置。ダブルデッカー構造の10号車の1階部分には、これもフリースペースとして使用できる子供室となっている。

251系が充当された列車名は特急「スーパービュー踊り子」。すでに運転されていた東京と伊豆を結ぶ特急「踊り子」からさらに発展し、車内からワイドな眺望を楽しめることをPRすべく採用された列車名で、明るい青とグレーの塗り分けによる車体塗色も、国鉄時代にはなかった配色で、やはりJRの新生を思わせるものとなった。

こうして、この時代のJRの特急車として随一とも言える贅沢な趣向を凝らして製作された251系であったが、それでは特急「スーパービュー踊り子」が連日満員の盛況を見せたかというと、その結果はやや期待にそぐわないものとなった感もあった。この時代にはすでに「バブル景気」が崩壊のきざしを見せていたことと、伊豆という東京からは近い観光地への移動の手段が、車メインとなっていたことが、その理由のように思われた。もしもこれが今日であれば、渋滞のない列車利用の旅が再評価されていたかもしれず、インターネットを最大限に活用して、さまざまな宣伝、サービスを展開することもできたかもしれない。ただ、この時代には、ＪＲの側にもそこまでのノウハウが整えられていなかったようである。

そして２５１系は２０２０（令和2）年3月13日をもって運転を終了した。２５１系が他の線区へと転属することはなかった。

ＪＲ発足から間を置いて登場した各社の特急車

１９８７（昭和62）年の春にＪＲが発足した直後は、各社とも目立った動きは少なかった。それは恐らく、この時点ではまだＪＲ自身が、これから採るべき方向性を探っていたのだろう。そしてその翌年には青函トンネルと瀬戸大橋が開通して、何年もの間続いていた工事が終わり、ＪＲ各社は次のステップへと足を進める。

ＪＲ発足からほぼ1年が経過した１９８８（昭和63）年3月13日には、ＪＲ九州で７８３系の運転が開始された。「ハイパーサルーン」という愛称名が贈られたこの特急形電車は、車体の中央付近に乗降用の扉が設けられたことが大きな特徴で、それまでの特急形電車からの大きな転換となった。特急形の車両は、車内の静謐性を確保することが大きなテーマとされ、その結果として人の出入りに使われる扉は車端部に設けられることが通例となっていたが、７８３系はこれを見直した。

扉が車両の中央にあることで、客室はデッキによって前後に二分されることになる。そしてそれぞれの部屋に違う性格を持たせることが可能になったのである。具体的には、自由席と指定席などの区別を明確にできるなどの効用があり、もちろん国鉄時代にも1つの車両に2種類の客室設備を設ける方法は採られていたが、中央にデッキがあることで、利用客にとっても差別化が容易になったのである。九州という地域は、首都圏や、関西圏と比べれば人口が少ないことから、鉄道にも小回りの利く、輸送需要への柔軟な対応が求められてきたが、７８３系のスタイリングは、この課題に対するＪＲ九州の明解な回答となったのである。

後退角を持つ先頭部のシャープな形状も魅力的で、先頭部に採用された大窓越しの眺めは、伊豆急行２１００系「リゾート21」以来の魅力あるワンポイントとなった。７８３系の登場は、以後に続くＪＲ車両群の登場を予感させる出来事となったのである。

１９８９（平成元）年2月18日にはＪＲ東海が、キハ85系の運転を開始する。この特急形気動車は、国鉄時代から運転が続けられてきたキハ82系の置き換えを目的として開発された。車体はステンレス製で、ＪＲ東海のコーポレートカラーであるオレンジ色の帯が巻かれたスタイリッシュなデザインは、都会で働く電車を思わせる。車体の軽量化、搭載エンジンの出力向上によって、足取りは軽快なものとなり、それはもちろん、列車の速達化に結び付いた。

それまでの気動車特急は、重量がかさんでいた鋼製の車体や、基本設計の古いエンジンの搭載によって、十分な速度向上が実現しているとはいい難い状態だったが、優れた加速性能を有するキハ85系は、特急形気動車のそんなイメージを払拭してみせた。連続窓風に仕上げられた側窓からは良好な眺望を楽しむことができ、JRもこれをアピールするべく、キハ85系が充当された特急には「ワイドビューひだ」、「ワイドビュー南紀」という具合に列車名にもひと捻りを入れて、その魅力をPRしたのだった。

特急形車両も細分化の時代へ

JR東海がキハ85系の運転を開始した直後の1989（平成元）年3月11日からは、JR四国が2000系気動車の運転を開始している。この形式も特急用として開発され、車体は軽量のステンレス製。これによってキハ85系と同様のさまざまなアドバンテージを得られることが見込まれたが、2000系の特徴は、振り子式車両として開発されたところにあった。

振り子式とは、車両がカーブを通過する際に車体を内側に傾けるシステムで、この措置によって、カーブを通過する際に車体に生じる遠心力を相殺し、カーブをより速いスピードで通過できるというのが、基本的なシステムとなる。国鉄でも1973（昭和48）年に運転を開始した381系特急形電車でもこのシステムが採用されたが、自然振り子式と呼ばれたシステムは、乗客に乗り物酔いを起こさせるという指摘があって、その後他の形式にこのシステムが搭載されることはなかった。

しかしJR四国2000系はこの考え方から一歩前進し、車両に搭載したコンピューターに前もってその列車が走る路線の線形を記憶させせ、車体の動きをサポートする「制御付き振り子システム」へと改良。このシステムは非常な好成績を示し、以後しばらくの間、日本の鉄道に振り子式車両のブームが訪れることになる。

JR四国が2000系に搭載した制御付き振り子システムは、同じJR四国が特急形電車として開発した8000系にも搭載され、JR四国の幹線は、電化区間、非電化区間とも、大幅なスピードアップが実現したのである。

国鉄の時代に、四国に新製車両が投入されることはほとんどなく、他地域からの「お下がり」の車両で輸送が行われることがほとんどだったが、特急形気動車、特急形電車の相次ぐ登場は、JRという民営会社が発足したからこそ起こり得た出来事であったのかもしれない。

JR北海道では、1990（平成2）年9月1日から、785系特急形電車の運転が開始された。この車両の車体にステンレスを採用し、側面の窓も大型化して軽快なイメージを演出。2両、4両、5両という短い編成を基本編成としながら、正面を貫通構造とすることによって、柔軟な運用、車両のスムースな増結を可能にした。

JR他社からは少し遅れる形で、JR西日本が自社オリジナルの681系の運転を始めたのは1992（平成4）年のことである。すでに陳腐化が目立つようになっていた485系特急形電車の代替を果たし、併せてスピードアップを図るべく開発されたこの形式はＶＶＶＦインバータ制御など、当時の先端となっていた技術を漏れなく採用しての登場となった。

車体デザイン、あるいは内装についても、奇をてらうことなく、高級感を演出するＪＲ西日本ならではの方策が、この系列でも惜しみなく発揮され、６８１系はすぐに発展形として開発された６８３系と共にＪＲ西日本の新しい標準となったのである。

この時代にＪＲ各社に相次いで新しい特急形車両が登場したことは、国鉄時代から使用されてきた４８５系、キハ82系などの特急形車両が交替期に入っていたことが大きな理由だが、ＪＲ各社が新しい車両をリリースすることで、利用者に鉄道の新生、地域密着を謳う効果が見込まれたことも理由になっていたように思われる。

これらの特急形は機能性も重視され、戦前の車両のようなきらびやかさは備えていなかったものの、利用客を安心させる高い品位と機能性を兼ね備えていたのである。

現代に蘇った寝台電車

退潮傾向が続き、将来が案じられた寝台列車にも新星が登場する。１９９８（平成10）年７月10日に運転が開始された「サンライズ瀬戸・サンライズ出雲」がそれで、２８５系を使用した14両編成の列車が、下りであれば岡山駅で高松行「サンライズ瀬戸」と、出雲市行「サンライズ出雲」が分割される。次々に寝台列車が姿を消していく中で運転が開始された「サンライズ瀬戸・サンライズ出雲」は、堅調と言える成績を残し続け、今日に至っている。

この二つの列車に使用されているのが２８５系で、ＪＲ西日本とＪＲ東海の共同開発によって生まれたこの電車は、オール２階建て構造を採用したことが特徴で、これによって編成中に多彩な設備が揃えられている。作られる車体の大きさに限界がある鉄道車両で、多くの施設を詰め込んだ２階建て車両を設計するには多くの困難が伴うものとされるが、本形式では住宅メーカーの参画を得たことで、室内外のカラーリング、水回りの処理などに手際の良さが感じられる造りとなり、それが運転の開始以来今日までの四半世紀という長い時間の安定した性能に結び付いているようだ。

この電車の最大の特徴は、１人用の個室から大広間的な構造の簡易宿泊スペースまで多彩な宿泊スペースを備えていることで、利用者は目的、予算などに応じて、好みの設備をチョイスすることができる。

この列車の最高クラスの部屋として用意されていたのが、７両あたり６室が設けられた１人用Ａ個室「シングルデラックス」で、この部屋には８５０㎜幅のベッドのほか、大型デスクと洗面台を設置。同じ４・11号車の車内には「シングルデラックス」利用客専用のシャワールームがあり、無料で利用できる。

１人用Ｂ個室には「シングル」と「ソロ」の2バージョンがあり、前者は7両あたり80室、後者は20室を備える。室内は両者とも似たレイアウトで、窓に沿う形で固定式のベッドが設置されている。

そして、この列車での最も特徴的な存在となっているのが、６両あたり28名分が用意されている「ノビノビ座席」で、この部屋はカーペットが敷かれた広間が小さなパーテーションで仕切られたセミコンパートメントが並んでいる。いわば寝台列車をリーズナブル料金で使用したい人向けの設備で、この設備も人気のアイテムとなっている。同じ意匠の設備には、津軽海峡線などを走った急行「はまなす」に連結された「カーペットカー」などもあったが、居住性は個室と比較すれば劣りはするものの、「隣のお客さん」と触れ合うこともできる、いかにも夜行列車のものらしい設備となっていた。

下り列車であれば、朝になると窓の外に瀬戸内海が現れる「サンライズ瀬戸」、窓の外に山陰地方の純日本的な風景が現れる「サンライズ出雲」の旅では、寝台列車が備える鉄道旅行の楽しさを存分に味わうことができ、もちろん、目的地に早朝に到着することができるという夜行列車ならではのアドバンテージもあり、その人気は失われていない。今日では唯一の存在となってしまった夜行特急だけに、これからも運転が継続されることを望む声は大きいようだ。

800系新幹線の登場

2004(平成16)年3月13日、九州新幹線新八代〜鹿児島中央間126・8㎞が開業した。この開業は博多〜新八代間の工事が遅れたことを受けて採られた暫定的な開業で、100㎞あまりという距離は、新幹線のものとしては短かったが、将来の博多延伸を約束するものとして、多くの人から好意的に受け止められた出来事となった。

この開業時から運転を開始したのが８００系新幹線だった。運転最高速度２６０㎞／ｈは、現在の新幹線電車としては標準的なもので、６両という編成は、九州南部の輸送需要を考えれば当然の措置といえた。

８００系の特徴は、それまでの新幹線電車とは全く異なるデザインを採用したことにあった。デザインを担当した水戸岡鋭治氏は、それまでにもＪＲ九州の車両のデザインを担当してきたが、この８００系において、その方向性をさらに明確化したのである。

８００系は随所に使用される素材の質感を活かした和風のデザインでまとめられたのである。モノクラスとなった客室は、暖色系のカラーリングを採用し、座席などの調度品にはいたるところに木を使用することとして、これにはもちろん、難燃化対策が施された。サニタリースペースについても、和風の温かみのあるデザインが用いられ、洗面所にはイグサを用いた暖簾が架けられた。

それまでの新幹線車両は、スピード感、機能性の表現を重視したデザインが採用されていたから、８００系のそれはまさに異質で、登場時には賛否両論も起こったが、ともすると前例を尊重するばかりに保守的になりやすい鉄道界のデザインの方向性に一石を投じて見せたのである。そして、水戸岡流のデザインは、以後に登場する観光色の強い列車でも採用されて、「木の質感を生かした内装」、「暖色系、あるいは赤系統の色を要所に用いるきらびやかな配色」、「ベンチや本棚など、本来は鉄道車両には不向きとされていた設備の設置による創造的な空間の演出」といった手法は、他の鉄道事業者でも採用されて、日本の観光列車のトレンドになった感もあった。

注目度の大きい新幹線での斬新なデザインの採用は、極めて大きな効果があったといえるだろう。それはＪＲ九州のイメージ作りにも大きく貢献し、その潮流は現代にも続いている。九州新幹線は２０１１（平成23）年３月12日に博多までの延伸を果たし、以降はＪＲ西日本の車両も博多以南への乗り入れを行っているが、ＪＲ九州の車両に親しみを持ち、この車両を選んで乗車する人も少なからずいるようだ。

続々と観光列車を登場させたＪＲ九州

ＪＲ九州は、自社が運行する観光列車を「Ｄ＆Ｓ（デザイン・アンド・ストーリー）列車」と名付け、発足１年後の１９８８（昭和63）年にはキハ58系を使用した「アクアエクスプレス」の運転を香椎線で始めて、以後数多くの観光列車を九州島内の全域に走らせて、輸送需要の喚起を行った。博多～由布院間を走る「或る列車」、博多～由布院・別府間を走る「ゆふいんの森」、熊本～別府間を走る「あそぼーい」、熊本～三角間を走る「Ａ列車で行こう」、肥薩線を走る「いさぶろう・しんぺい」、鹿児島中央～指宿間を走る「指宿のたまて箱」といった列車が続々と運転を開始して、広く知られるようになり、今日ではＪＲ九州に欠かせない存在に成長した感がある。

これらの列車の運転が興味深いのは、「Ａ列車で行こう」のように、これまでは観光資源があるとは思われていなかった路線や、「いさぶろう・しんぺい」のように、人口密集地から遠く離れた場所を走っていながら、観光列車としての役割を十分に果たしてみせたことだった。

本来的には、人口が少ない地域では観光産業は成立しにくく、ＪＲ九州が運転してきたこれらの列車は、列車単位の輸送量も決して大きいとはいえないながら、きちんと集客の成果を示してみせ、九州で観光列車の運転が成立することを立証してみせたのである。

これらの列車で使用する車両に、水戸岡鋭治氏のデザインを使用して、非日常感を演出したことも、成功の理由の一つとなるのだろう。これらの列車には、高級レストランが求めるドレスコードのような格式めいたものはなかったにしても、いや、それだからこそ、いつでも気軽に楽しめる存在として、利用者の支持を得たのだろう。ＪＲ九州のこの成功例は、今では全国への「飛び火」となって、各地での同様の列車の運転に結び付いている。

それはどれも一生に一度はかなえてみたいと考えられるような途方もなく大きな夢ではなく、ある１日の数時間だけ味わえるような、ちょうど良い大きさの夢であるに違いない。遠い昔に明治の私鉄・九州鉄道が運転を企画して「或る列車」と名付けられた豪華列車は、庶民には縁遠い存在であったが、現代を走るＪＲ九州の「或る列車」は、当時を偲ばせるきらびやかな車両の外観、内装を備えていても、乗ることに躊躇しなければならない存在ではない。

特筆しておかなければならないことは、ＪＲ九州の「Ｄ＆Ｓ（デザイン・アンド・ストーリー）列車」が、ちょっとした思い付きを具現化したような存在ではなく、商品をシリーズ化して成功させ、自社の商品として定着させたことである。ＪＲ九州のこのプロジェクトは、続く「クルーズトレイン」

の運転につながってゆくが、国鉄の末期に非採算路線と呼ばれ、次々に切り捨てられていった地方の路線でさえ、工夫次第で活用ができることを示してみせた、大きな成功例となったのである。

新幹線に「グランクラス」誕生

２０１１（平成23）年3月5日、「グランドひかり」の消滅以降は、何かとドライなイメージもつきまとっていた感のある新幹線の車両に、久々に魅力が感じられるアッパークラスの車両が登場した。Ｅ５系新幹線における「グランクラス」の営業開始である。

「グランクラス」は、既存のグリーン車よりも1ランク上のサービスを提供する車両として開発が進められた。鉄道車両の製作技術が進歩したことから、現代の鉄道車両は、昭和中期までの車両とは別次元の高い居住性を有している。客室から騒音、振動はシャットアウトされ、空調も完備されている。人間工学を採り入れて設計されたシートは何時間使用していても疲労を小さなものに留め、液晶やＬＥＤを使用して作られた情報表示装置は、長い時間を退屈せずに過ごすために重要な役割を果たす。室内照明は柔らかく、案内放送も優しい口調のものになった。

けれども、人間は飽きを感じる動物だから、ということかもしれない。いつもと変わらないサービスが、サービスと感じられなくなったという皮肉な巡り合わせもあったのかもしれない。

そんなさまざまな事象を背景にして、「グランクラス」は誕生した。Ｈ５系Ｅ５１４形に作られた「グランクラス」は定員18名。大型のバケットシートを1列に3席配置する。読書灯、電動リクライニング機構、電動レッグレスト、可動式枕、コンセントを備えるシートは、飛行機のファーストクラスの設備に匹敵するといわれ、国内の鉄道では最上位クラスのものとなった。

「グランクラス」の営業開始に合わせて実施されたサービスも優れたもので、これも飛行機のものと同様に、毛布、スリッパなどのアメニティグッズを備え、新聞、雑誌も用意。そしてアテンダントによって、軽食、飲み物が用意され、飲み物はビールなどのアルコール類を含めて飲み放題、軽食は運転される列車によってメニューが変えられるという凝った演出がなされたのである。それは確かに、既存

東北新幹線用E5系などに連結されている「グランクラス」。グリーン車よりもさらに優れた乗り心地が提供されている／☆

のグリーン車のものからは、大きなステップアップを果たしたものだった。残念なことに、その後の状況の変化などによって、軽食のサービスなど、一部のサービスについて見直しが実施されたものの、ゆったりと作られた設備に変わりはない。「グランクラス」はその後登場した北海道新幹線用H５系、北陸新幹線用E７系、W７系でも採用されており、ビジネスユースでも成果を上げている。

「飲み放題といっても、新幹線は速いから、頑張って飲めたビールは４杯だけだった」というような利用客の体験談、笑い話も残されているが、笑い話が生まれるところに、利用客の満足が現れているようだ。

近鉄の矜持を見せた「しまかぜ」

ＪＲを除く私鉄各社で最大の経営規模を誇るのが、２府３県に総計５００㎞を超える路線網を有する近畿日本鉄道（近鉄）で、古い時代には、この会社の前身の１つである参宮急行電鉄が、名車２２００系を駆って大阪と伊勢を短時間で結ぶなど、中・長距離の運転にも積極的な姿勢を貫いてきた。

そんな近鉄が運転してきた特急用電車の数を指折り数えるならば、それはもちろん十指では足りないということになるのだが、近年登場の近鉄特急車の中でも愁眉を開く存在になっているのが５０００系だろう。

名古屋・京都・大阪と伊勢・志摩を結ぶ特急「しまかぜ」として運転されているこの車両は、ＪＲ・

私鉄、標準軌・狭軌の垣根を超えて、現代の日本の鉄道車両の中でもトップクラスの豪華さ、快適性を備える車両となっている。

運転が開始されたのは2013（平成25）年3月21日。元々、近鉄鳥羽線、近鉄志摩線は、沿線に数多くの観光地を備え、関西圏、中京圏の小・中学生の修学旅行のメッカとなるなど、観光需要が大きな路線であり、数多くの特急列車が運転されてきたが、近年は長引く不況の影響などで乗客が減少する傾向にあり、そのような状況を打開する意味でも「しまかぜ」にかかる期待は大きかった。

50000系「しまかぜ」は6両編成。いかにも現代の観光列車らしく、車内設備はバラエティに富んでおり、客席はハイデッカータイプのプレミアムシート、平屋タイプのプレミアムシート、個室とサロン室を備えたグループ専用席にクラス分けされ、個室についても和風、洋風と内装の作り分けがなされている。

そして、編成の賢島寄り3両めには、ダブルデッカー構造のカフェカーが連結されている。ここでは軽食、飲み物を摂ることができ、旅のひとときをゆっくりと過ごせるのだが、近鉄名古屋発着の列車などではさして乗車時間が長くはならないことから、食堂車で時間を過ごしていると、自席で過ごす時間がほとんどなくなるということになり兼ねず、せっかくの豪華な席を楽しむことができなくなる。

もっとも、それだけのサービスを提供するということが、鉄道会社の矜持というものなのだろう。国内、海外を問わず、列車における供食サービスは採算性が乏しく、商業的なうまみは少ないといわれている。それでも列車に食堂車やビュッフェを連結するのは、列車というのはそういうものであり、車内で食事を楽しむのも鉄道旅行の姿の一つと考える鉄道会社の姿勢によっている。ヨーロッパの高速列車には、今日でも必ずといってよいほどビュッフェ車が連結され、そこで提供されるのは、バーガー、パスタ程度のものではあるが、鉄道旅行の魅力的なアクセントとなっている。それが文化なのである。

近鉄特急「しまかぜ」には、そんな魅力、鉄道会社のメッセージが備わっている。

クルーズトレインの登場

列車に乗ることを旅の目的とし、旅人は車内で満ち足りた時を過ごす。そして列車は出発地に戻る。そんな旅を楽しむために運転される列車を「クルーズトレイン」と呼ぶ。ゆったりとした船旅を楽しむクルーズ客船になぞらえてネーミングされたこの列車は、その名の通り、何かと気ぜわしい毎日からの解放を約束してくれる豪華な旅を楽しむことができる。世界的にも名高い「オリエント急行」は、パリとコンスタンチノープル（現在のイスタンブール）の間で、１８８３年に運転が開始されたが、この列車を世界で初めてのクルーズトレインとする考え方もある。「オリエント急行」は出発点に戻って来る列車ではないが、パリからどこに向かうにしても、真っ直ぐ目的地に向かった方が、あちらこちらに立ち寄って走る「オリエント急行」を利用するよりも早いからである。

そんなクルーズトレインが日本でも運転を開始したのは、２０１３（平成25）年10月15日。ＪＲ九州が「ななつ星 in 九州」の運転を開始したのである。JRとしてのリスタートを切った後に、JR九州は観光色の強い列車を続々と登場させて「D&S列車」と銘打って成功を収めてきたが、クルーズトレイン「ななつ星 in 九州」の運転開始は、そのような路線の集大成であるかのようにも見えた。

この列車に使用されるのは、機関車1両と客車7両の編成。機関車は専用機として製作されたもので、電化区間、非電化区間の両方を走るために、ディーゼル機関車とされた。

7両の客車は、もちろんデザインは長くJR九州の車両に関わってきた水戸岡鋭治氏が担当し、ゴージャスな内装が創り出されている。7両のうちの1両が「ダイニングカー」、すなわち食堂車で、残りの6両は形式名をマイ、あるいはマイネとしている。これは国鉄の旅客制度が3等制を採っていた時代に1等車をイ、2等車をロとしていたことにちなんだもので、ロが現在のグリーン車、したがって「ななつ星 in 九州」の車両は、その上を行くクラスであることを意味する、ちょっとした洒落になっている。

編成の1号車となるマイ77形はラウンジカーで、室内にバーカウンター、ピアノを設置して、パブタイムにはバーとして使用される。3~6号車にはマイネ77形を連結。こちらは「スイート寝台車」とされ、1両あたり個室3室を設置。各個室は定員2名で、各個室にはベッド、テーブル、シート、冷蔵庫、シャワー、トイレが設けられ、内装は古き良きヨーロッパの様式を思わせるエレガントなデザインでまとめられている。

現在は3泊4日、または1泊2日で九州島内を周回するコースが設定されており、参加者はオプショナルツアーとして、神社などを訪ねる。この行程にも専用バスが用意されているが、ツアーに参加せず、列車内で時間を過ごすことも可能。列車を降りて楽しむ食事もコース中に組み込まれており、こちらももちろん、贅を凝らしたメニューが用意されている。

「ななつ星 in 九州」に乗車するには、今も高い倍率の抽選を経なければならないといい、運転開始以来衰えない人気が続いている。もちろん料金も相応のものとなり、誰もが憧れる一生に一度は乗ってみたい列車というところなのだが、実はこの列車、かなりの数のリピーターがいるのだという。それだけの人気の秘密は何なのか?これは一度乗車してみなければ解らない。

「ななつ星 in 九州」に続いたクルーズトレイン

「ななつ星 in 九州」の運転開始も、日本の社会に大きなインパクトを与えた。それは、シニア層と呼ばれるようになった人たちが、ようやくのことで得たゆとりを使って、人生の後半をゆったりと楽しむというライフスタイルが市民権を得てきた感のある、日本の社会の潮流とも、ぴったりとシンクロしているように見えた。「クルーズトレイン」の運転は高い評価を受け、JR東日本とJR西日本が追従する形で自前のクルーズトレインを新製したのである。

こうしてJR東日本の「TRAIN SUITE 四季島（トランスイート しきしま）」が2017（平成29）年5月1日に、JR西日本の「TWILIGHT EXPRESS 瑞風（トワイライトエクスプレス みずかぜ）」が２０１７（平成29）年６月17日に運転を開始した。それぞれの列車が掲げるコンセプトは、「ななつ星 in 九州」と同様で、列車は自社線内をゆったりと周遊し、参加者は列車内、あるいは訪問先で、贅を凝らした歓待を受ける。相応の料金が求められることも、運転開始から今日に至るまで、乗車を希望する人が殺到し、チケットの入手が困難な状況が続いていることも同様である。

「TRAIN SUITE 四季島」に用いられているＥ００１系は、電気とディーゼルの両方を動力に用いるハイブリッド車両で10両編成。車内は「四季島スイート」、「デラックススイート」、「スイート」と名付けられた２人用Ａ個室と、編成の両端に連結される展望車、編成中５号車に連結されるラウンジカー、６号車に連結されるダイニングカーからなっている。内装デザインはラグジュアリーホテルをイメージしてデザインされ、ダイニングカーでは贅沢な素材を使用した料理が提供される。

現在、「TRAIN SUITE 四季島」は１泊２日、３泊４日などの行程を組んで、ＪＲ東日本管内、あるいは北海道へと足を延ばしての運転が続けられており、その人気も衰えることがないようだ。

「TWILIGHT EXPRESS 瑞風」に用いられているのは、87系を名乗る10両編成の気動車で、こちらも客室はＡ個室、展望車、ラウンジカー、ダイニングカーによって編成されている。当初、個室は２人用のみで構成される予定であったが、運用の柔軟性にも考慮して１人用個室を追加。７号車に連結されるキサイネ86－５０１、「ザ・スイート」は１両に１室のみを設置した究極の豪華車両といえる存在で、リビング・ダイニングルーム、プライベートバルコニー、ベッドルームのほか、２か所のトイレと、24系「夢空間」以来となるバスタブも設置されている。その使い勝手はいかばかりだろう。

編成の6号車に連結される食堂車には「ダイナープレヤデス」の愛称名が付き、これは豪華寝台特急として活躍した「トワイライトエクスプレス」でも用いられたもの。シックなデザインでまとめられた内装、車両の愛称名を含め、「トワイライトエクスプレス」へのリスペクトを随所に感じることができるのも、この列車の魅力である。現在、「TWILIGHT EXPRESS 瑞風」は、1泊2日、または2泊3日の行程で、「山陽コース」、「山陰コース」などと名付けられたルートを周遊している。

ところで、これらのクルーズトレインは、チケットの入手が困難なばかりでなく、料金も相応のものとなって、誰もが気軽に利用できるわけではない。

そんな状況も踏まえてＪＲ西日本が運転を開始した夜行列車が「WEST EXPRESS 銀河（ウエストエクスプレス ぎんが）」だ。２０２０（令和２）年9月11日に運転を開始。使用車両は余剰となった１１７系に大規模な改造を施した6両1編成である。

車内は「ファーストシート」と名付けられたグリーン指定席、「クシェット」と名付けられた普通指定席（一部女性専用）、「ファミリーキャビン」と名付けられたコンパートメント、「プレミアルーム」と名付けられたグリーン個室などで構成され、2号車・5号車の「クシェット」には、特急「サンライズ」の設備としてもお馴染みの「ノビノビ座席」が設けられている。

「WEST EXPRESS 銀河」は、現在、関西圏を起点に、山陰方面、山陽方面、紀南方面に夜行列車を中心としての運転が続けられており、鉄道の旅の楽しさ、列車の中で夜を過ごすことの魅力を提供し続けている。

古めかしい車両を新しく作った「ＳＬやまぐち号」

鉄道車両の寿命とは、どれくらいなのか。実はこの問いに答えを出すのは難しい。車両の使用条件によって、いかようにも変わってしまうからだ。例えば、現在日本で最古の電車といわれているのが、上毛電気鉄道で運転されているデハ１０１で、この電車は１９２８（昭和３）年製。だからもう90歳以上の高齢ということになる。こうなると、さすがに毎日運転されることはないようだが、今でも正月などの特別な日に全線を走り、遠来のファンを喜ばせている。

それとは逆に技術の粋を凝らして作られた車両であれ、営業運転の開始後に何かの不具合が見つかってその修繕が難しければ、車両が運転を開始してまだ間がない場合でも廃車になってしまうケースがある。もっとも、平均的な使用年数を求めるのであれば、それはだいたい20年前後ということになるのだろうか。

そのような次第だから、どのような人気列車であれ、使用車両が耐用年数を越えれば、交替が必要になる。古い車両が貴重であっても、人を乗せて走るのであれば、安全は担保されなければならない。

山口線を走る「ＳＬやまぐち号」が運転を開始したのは１９７９（昭和54）年8月1日のことで、もう45年近い歴史がある。当然、この列車に使用される客車も何代かの代替わりがあって、貴重な動態保存を支えてきた。当初に充当された青色の12系客車は、蒸気機関車が引く列車のものとしては近代的過ぎるように見えたのか、１９８７（昭和62）年には車体塗色が昔の客車を思わせるこげ茶色（ぶどう色）に改められ、１９８８（昭和63）年7月24日からは、内装を「明治風」、「大正風」という具合に作り分けた「レトロ調」客車の使用が開始された。この客車は利用客の評判もよく、改造が施されて使用が続けられたが、老朽化が進んだことから、２０１７（平成29）年9月2日からは、新型客車ＪＲ西日本35系客車を使用しての運転が開始された。

この車両は純然たる新型車両として製作されたが、特徴的だったのは、蒸気機関車に引かれて走るのにふさわしい、何やら古めかしいスタイルで登場したことで、35系という形式名も、古き良き国鉄時代の形式称号にあやかって付けられたものだった。

編成は5両。編成の両端はオロテ35形、スハテ35形が連結され、共に展望デッキ付きの車両。オロテ35形は往年の特急用展望車マイテ49形を、スハテ35形は、昭和初期に製作されたオハ31系を参考にして設計が進められたとされ、スハテ35形は、オハ31系にも似た二重屋根を採用しているという凝りようである。屋根の中央部を一段高くするこの方式は、一段高くなった屋根の側面の部分に明かり取り用の小窓を設けることで、貧弱だった車内照明を補助するということを主目的に採用されたもので、もちろん現代の鉄道車両には不要の代物である。つまり、この新しく作られた古いスタイルの客車は、それだけ熱を込めて作られたものだったのである。

内装も、ところどころに目の細かいタイル（風の建材）を使用して昔を思わせる演出とし、不燃化した木材も随所に使用。照明は昔ながらの白熱灯を思わせる、電球色のＬＥＤが用いられた。

その一方で各席にコンセントが設置されるなど、現代のニーズも的確にフォローし、グリーン車オロテ35形には、昔の展望車よろしく室内に大型のシートを並べている。編成の中央に連結される３号車ナハ35形には、車内に運転シミュレーターと投炭ゲームを設置。後者は参加者自らがスコップを持って蒸気機関車の焚口に立ち、機関助士のように石炭をくべる動作を繰り返してコンピューターによる採点を待つ。楽しいような忙しいような趣向のマシンは、蒸気機関車が引く列車の中で、不思議な存在感を示していたのである。新しい素材を駆使して作られた、車内にデジタル機器とコンセントを完備した、古い造りをイメージさせる客車。これこそは、現代の豪華車両というところだろうか。

この35系客車も、これから20年経てば交替期を迎える。その時に、この列車の主役である蒸気機関車の方は、どのような姿で運転されているのだろう？　これればかりは、その時になってみないと解らない。

グルメ列車の登場

全国の路線に特急列車や急行列車が走っていた時代、食堂車は列車の格式を表す存在ともなっていた。具体的には、まだ全国に新幹線のネットワークが形成される以前、昭和40年代までの話である。

その頃までの鉄道は、特急、急行を名乗っている列車にしても、その速度には自ずから限界があり、長距離を走る列車であれば、５時間以上の所要時間が必要とされるのが当たり前だった。いきおい、乗客が車内に滞在する時間も長くなり、供食施設としての食堂車は長距離列車には不可欠なものとされていた。

しかし、全国に新幹線が建設されて乗客の車内滞在時間が短くなり、ファミリーレストランに代表される安価な飲食店が駅の近隣に増えると、列車内や、駅で食事をする人は減っていった。新幹線に連結されていた食堂車の営業が終了したのは、２０００（平成12）年3月のことで、これで昼行特急に連結される食堂車はすべてなくなった。そして、最後まで食堂車が連結されていた札幌発着の寝台特急も廃止されて、これで日本の鉄道から食堂車が姿を消した。ＪＲ九州が運転する列車などに、供食施設を備えていたものが残ってはいたものの、本格的な料理を時間をかけて楽しめる、食堂車の本来的な姿は失われたのである。

しかし、そのような時勢にある中から、かつての食堂車の旅を懐かしむ声が挙がるようになり、やがて食堂車が連結されていることをセールスポイントとした列車の運転が開始される。ノスタルジーに裏打ちされて、かつての列車の姿を再現しようとする動きは、今も全国の数か所で続けられている蒸気機関車の動態保存運転と同じ図式であるが、蒸気機関車の運転よりも実現にハードルが低い、新しいスタイルの食堂車の運転は、ＪＲ、私鉄を問わず全国で始められるようになった。この列車のことを総称して「グルメ列車」とする向きもある。

「グルメ列車」の中で最も早く運転を始めたのが九州の第三セクター鉄道、肥薩おれんじ鉄道の「おれんじ食堂」で、運転が開始されたのは２０１３（平成25）年3月24日。この列車では沿線で調理したお弁当を積み込み、車内に設置したスクイザーで作った新鮮なオレンジジュースを提供している。

少し青臭さが残るジュースは、担当者が地産のオレンジの中から時間をかけて探し出したという銘柄を使用して、オリジナリティのある味覚となった。

この列車の成功に触発される形で、各地で「グルメ列車」の運転が始められる。千葉県を走るいすみ鉄道では、地元でイタリアンレストランを営むオーナーシェフが調理を担当。シェフは列車が運転される前日に地元を回って、食材を集める手間を厭わず、いすみ鉄道の「レストラン・キハ」は、地域の名店としてグルメガイドに掲載されるまでになった。「レストラン・キハ」の運転は、車両の老朽化もあって２０２２（令和４）年9月に終了したが、規模の小さな鉄道でも、工夫を重ねることで高い集客力を備える列車を運転することができる好例となったのである。

今は、全国で同様の列車が運転されている。その多くが地産地消食材を使用し、季節によってメニューを変えるなどの趣向を凝らして、鉄道旅行の楽しさをアピールし続けている。もしも、機会に恵まれたなら、一度は「グルメ列車」に乗って、その楽しさを知っておきたい。きっと鉄道の魅力を再発見できるはずだ。

「伊豆クレイル」と「サフィール踊り子」

首都圏から至近の観光地に伊豆がある。この地では、古く中世には温泉が発見されていたというが、山がちの地形が海岸線まで迫っていることから陸上交通の発達は遅れ、早い時期から鉄道の開通が待ち望まれてきた。

国鉄伊東線が開通したのは1935（昭和10）年3月30日、伊東と伊豆急下田を結ぶ私鉄・伊豆急行が開通するのは1961（昭和36）年12月10日のことで、両線には東京からの直通列車が多数乗り入れ、道路の建設が進んでいなかった伊豆への重要な交通機関となる。

鉄道が開通したことで伊豆は東京から日帰りでも、ゆったりと行程を組んだ泊りがけでも楽しめる使いやすいリゾート地となり、観光色の強い列車が数多く設定されてきた。遠い昔には「湘南日光」、「常磐伊豆」といった東京を通過して、伊豆と別の地域を結ぶ列車が国鉄によって設定され、これらの列車は「新婚夫婦が伊豆や日光の泊りがけ旅行をするために設定された列車」ともいわれ、もちろん、新婚であろうがなかろうが、1人旅であっても利用できる列車であったわけだが、伊豆という場所は、鉄道事業者の側にとっても魅力的な観光地であったのだろう。以後も、数々の観光列車が運転されてきたのだった。

近年に運転された「伊豆行」の列車の中で話題になったものの1つが「伊豆クレイル」だった。運転開始は2016（平成28）年7月16日。車両には常磐線での運転が終了した651系の付属編成4両を改造して用いられ、車内で豪華な食事を楽しみつつ、伊豆でも上質な宿に宿泊するというスタイルの旅が提案された。

4両のうちの2号車をパブリックスペースとして、バーカウンター、ラウンジを設置。他の3両を座席車として大型のシートを配置するか、セミコンパートメントに仕立てられた。4号車のみ一般の乗客に発売され、他の席は旅行商品として発売されたのが特徴。また運転区間も小田原～伊豆急下田間に限定され、土・日曜のみの運転とされたことも特徴的だった。

車内では東京の有名料理店のシェフがプロデュースした料理が提供され、日帰りでの利用も可能だが、東伊豆、南伊豆の高級旅館の中から、好みのものを選べるというスタイルも興味深いものとなった。

残念なことに、この列車は２０２０（令和２）年３月29日で運転を終了している。短い運転区間や、コストパフォーマンスに、リピーターを呼びきれない問題点があったのかもしれないが、趣味的には運用を終了した特急用車両を改造して他線区に異動させ、観光列車として活用するというアイデアは興味深く、思い出に留めたい列車となったのである。

そして、東京と伊豆急下田の間を走る現在の代表的観光特急に位置付けられているのが、「サフィール踊り子」だ。２０２０（令和２）年３月14日から運転を開始。使用車両のＥ２６１系は８両編成すべてをグリーン車とし、４号車にはカフェテリアを設置。パスタやスイーツが提供されている。

近年は全国の特急列車で車内販売、供食サービスの縮小が続いている。それは利用者がさまざまな情報をいち早くキャッチし、観光旅行のせっかくの食事を、現地の名店で楽しみたいと考えるようになっているからで、鉄道における旅客サービスの難しさが改めて浮き彫りになっているが、鉄道のあるべき姿が損なわれることがないよう期待したい。

通勤列車のさまがわり

近年の都市圏の鉄道で顕著になっていることに、通勤電車の設備が向上していることを挙げることができる。昭和30年代から40年代にかけて、大都市圏、特に東京を走る通勤電車は朝のラッシュ時に極限的な様相を呈し、それはしばしば「通勤地獄」などと形容されてきた。

しかし、そんな時代も今は遠い昔のこととなった。フレックスタイム制の導入、都市圏における一極集中の緩和、人口減、もちろん交通機関の整備、そして近年はテレワークの普及などによって、通勤輸送時間の混雑度は急速に低下してきた。昭和の時代に朝の各駅に配置されていた「押し屋」の存在も、今や昔語りである。

そのような状況を受ける形で、近年は鉄道会社の側が、通勤時間帯により快適な環境を提供する列車の運転を開始している。

古くは小田急電鉄が１９６７（昭和42）年に開始した新宿〜新原町田（現・町田）間運転の特急「あしがら」に定期券＋特急券での乗車を認めたことが、その始まりともいわれているが、この動きは１９８０年代になって加速し、ＪＲが１９８４（昭和59）年６月１日から、東北本線を回送される特急列車への定期券利用での乗車を認めたことや、やはり小田急電鉄が新宿から回送される特急に定期券利用での乗車を認め、これらの運転が一定の成果を示したことから、各地で同様の列車の運転が拡大した。

これをさらに発展させる形で、ＪＲの「湘南ライナー」など、回送列車の活用ではなく、当初から定員制の列車を仕立てる方式が生まれ、これも利用客の支持を得た。また首都圏などでは、通勤時間帯にグリーン車を利用する層も一定数あり、これは昭和中期以降にすっかり定着していた感がある。

これらの列車に共通しているのは、利用者側の「毎日の通勤に少し余計なコストをかけても、その時間を快適に過ごし、有益な仕事に結び付けたい」という考え方で、携帯端末の普及も、この流れを後押しした感がある。

直近の例では、これまでは優等車両の連結には無縁とも思われていた東急においても、大井町線、東横線などで「有料着席」の列車の運転を開始しており、これは増収策というよりも、利用客に多彩な選択肢を提供する、鉄道会社のコンプライアンスという要素が強いように思われる。

有料着席の列車は、これからも増えそうな気配である。かつては考えられなかった豪華な車両での毎日の通勤というスタイルが、現代の鉄道には用意されている。

これからの豪華列車はどこへ？

日本に鉄道が生まれてから１５０年。黎明期のそれは「マッチ箱」と呼ばれる客車が、高圧的な態度を取りたがる職員によって、高価な運賃で運転され、しかし、陸上交通の王者の座に君臨していた。

鉄道は、陸上交通が未発達だった時代の日本では他の交通機関では到底実現が不可能な、高速・大量輸送を行うことができたのである。それはさらに、定時運行の遵守というコンセプトの導入によって、価値を高めていった。日本の鉄道は欧米のものに比べて脆弱な規格で建設されたが、秒単位で列車ダイヤを守る運転方式が確立されたことによって、圧倒的な輸送力が確保されたのである。

黎明期には、単に人と貨物を運ぶだけだった鉄道は、利用客の求めに応じる形で、設備の充実を進めてゆく。時にはそれが即座の収入には結び付かないにしても、利用客を楽しませる意匠を備えることで、鉄道が信頼を得ることを、事業者自身が知ったのである。そして、豪華列車が発達してゆく。食堂車、寝台車、展望車、1等車などの多彩な設備を有するに至った鉄道は、長く陸上交通の王座に君臨したのだった。

しかし、現代の鉄道が、地位に甘んじていられる存在でなくなったことは、誰もが感じ取っているはずだ。長距離旅行の主役は航空機に譲り、利便性の高さであれば乗用車が選択肢となり、コストを重視したいのであれば高速バスが魅力的だ。そのような中で、鉄道は自身が備えるアドバンテージを見失っている感がある。近年になって続けられているＪＲの「みどりの窓口」の廃止や、ＪＲ東日本が打ち出した駅からの時計の撤去には、鉄道会社自身が目先の利益を追っているというよりも、求められる役割を完全に見失っている印象が残る。

もちろん、それであっても鉄道が世界から消滅してしまうことは考えられず、豪華な設備を備えた列車の運転も続けられることだろう。

それでは、これからの豪華列車は、どのような形に進化してゆくのだろうか？その答えを出すことは非常に困難なことではあるが、恐らくは車両や、サービスのノウハウも、非常な細分化を続けることだろう。さまざまな設備は目的に応じて、より専門性の強いものとなり、多彩な選択肢を利用者が選ぶというスタイルがさらに進められてゆく可能性が高い。

しかし、そのスタイルは鉄道が得意とはしないものであるはずで、インフラの整備、維持にコストがかかり、要員も必要とする鉄道というシステムは、ある程度の輸送需要がなければ消滅するという構造を有している。

そのような中で運転されるだろう豪華列車は、もちろん列車単位での事業化は難しいものとなり、広告塔の役割を果たすか、副次的な利益を生むことによって価値が認められる存在となってしまうのかもしれない。

もっとも、多彩な選択肢を備えなければ、交通機関としての魅力はゼロになる。たとえ渋滞がないとしても、毎日乗っている通勤電車で温泉に向かいたいと考える人はいないだろうから、その見極めは鉄道会社にとっての重要な仕事となる。ＪＲが発足した時に立案された、ファンドを設け、金利を活かして鉄道を維持するという方策は、金利の低下によって今は瓦解してしまった感がある。

これからの鉄道を健全な形で維持するために、国を含めての、体系の見直しが求められている時が来ている。

豪華列車の旅は、しばしば船の旅に例えられる。充実した設備、サービスに囲まれてゆったりと時間を過ごすことができるということが似ているという解釈である。しかし、近年の日本の鉄道には、鉄道が備えるこの資質をそぎ落とし続けているように見受けられる。採算性という言葉が、そのための錦の御旗となっているが、それは150年を超える日本の鉄道の歴史をひたすらに軽視している行いのようにも映る。

『美味礼讃』という小説の中に登場するフランス料理のマダムの言葉に、「最高のものを知る者だけが、文化の伝承ができる」というものがある。今、鉄道が自らの手で、文化の伝承を放棄してはならない。

おわりに

「列車はあまり速くなくて、止まらないのがいい」ということをいったのは、本書にも登場する作家の内田百閒で、やはり本書に登場する島秀雄との対談の中で発せられたこの言葉には、鉄道という乗り物の楽しさが、端的に語られているように感じられる。

列車が、目的地に早く着く方が便利なことはいうまでもないが、車内での時間を乗客一人一人が思いのままに過ごすことができるのが鉄道という乗り物の大きな特徴で、利便性が備わっているとはいっても、航空機や乗用車では、なかなかこうはいかない。

それでも、ことサービスについても2極化が進んでいるように見受けられるのが現代の鉄道で、新幹線を筆頭とする高速運転を身上とする列車では、乗客が車内で過ごす時間への特別な慮りはなく、列車の速達をもって最大のサービスと考えるスタイルが一般化しつつある。

それとは逆に、乗客が車内で楽しく過ごすことを列車運転の最大の意義と捉えているのが、近年になって登場した「クルーズトレイン」や、「グルメ列車」での考え方で、この2つの大きな潮流は、まだしばらくの間は交わることなく、堅持されそうな気配である。

鉄道の歴史は、まぎれもなく、列車運転の高速化の歴史であり、サービスの拡充の歴史でもあるわけだが、近年の鉄道にはかつてなかった価値観が生まれていることも事実で、そこに時代の成熟も見て取れる。列車の速達化は、いつの時代にも変わることのない鉄道の使命ではあるが、長距離の旅行には航空機の利用が一般的となった現代という時代においては、鉄道という乗り物に求められる役割が変わってきているはずである。鉄道事業者自身も、鉄道のアドバンテージ、ディスアドバンテージを再確認し、新時代のニーズに求められる姿を再構築しなければならない時代が、すでに訪れているようにも見受けられる。

鉄道が、単に移動のための道具に過ぎないのであれば、それは例えばエレベーターなどと何も変わりなく、単に座り心地の良い椅子が並べられているだけであるのなら、高速での移動が可能な航空機や、安い料金で利用できる高速バスに対して、どれだけの魅力が備わっているのかは判断が難しい。事実、多客期には指定券を求める行列が駅の窓口にできていた時代は遠い過去のものとなっている。それが現代人の、鉄道に対する評価なのだろう。

しかし、鉄道が本来備えているはずのポテンシャルを考えるのであれば、鉄道が自らの魅力をそぎ落としているようにさえ見える現状は、あまりにも悲しい。何も豪華な調度品を並べる必要はない。要は利用客を安心させる鉄道の気概と、心遣いを見せることである。鉄道には、そんな力がまだ備えられているはずである。これからの豪華列車の登場にも、大いに期待したい。

2023年7月

池口英司

Profile

池口英司（いけぐち・えいじ）

1956(昭和 31）年東京都生まれ。鉄道ライター、カメラマン。日本大学藝術学部写真学科卒業後、出版社勤務を経て独立。

著書に旅鉄ガイド『鉄道ミュージアムガイド』、交通新聞社新書『鉄道趣味人の世界』などがあるほか、鉄道雑誌などに寄稿多数。

主要参考文献

日本国有鉄道百年史（日本国有鉄道）

小田急五十年史（小田急電鉄）

新日本鉄道史（鉄道図書刊行会）

回想の旅客車（交友社）

食堂車の明治・大正・昭和（グランプリ出版）

日本の鉄道車輌史（グランプリ出版）

国鉄（新潮社）

月刊「鉄道ピクトリアル」各号（電気車研究会）

月刊「鉄道ファン」各号（交友社）

【カバー写真】

右下　特急「つばめ」／辻阪昭浩

特記以外／筆者

【口絵・本文写真】

☆／筆者

□／「旅と鉄道」編集部、撮影協力／JR 東日本

◇／「旅と鉄道」編集部、撮影協力／JR 西日本

△／PIXTA

◎／出典『車両の 80 年』より

編　集　　揚野市子（「旅と鉄道」編集部）
装　丁　　栗八商店
本文デザイン　マジカル・アイランド
校　正　　後藤さおり

おとなの鉄学 005

日本の豪華列車史
美しき車両たちのあゆみ

2023年8月11日　初版第1刷発行

著　者　池口英司
発行人　藤岡 功
発　行　株式会社天夢人
〒101-0051　東京都千代田区神田神保町 1-105
https://www.temjin-g.co.jp/
発　売　株式会社山と溪谷社
〒101-0051　東京都千代田区神田神保町 1-105
印刷・製本　大日本印刷株式会社

●内容に関するお問合せ先
「旅と鉄道」編集部　info@temjin-g.co.jp　電話 03-6837-4680
●乱丁・落丁に関するお問合せ先
山と溪谷社カスタマーセンター　service@yamakei.co.jp
●書店・取次様からのご注文先
山と溪谷社受注センター　電話 048-458-3455　FAX048-421-0513
●書店・取次様からのご注文以外のお問合せ先
eigyo@yamakei.co.jp

・定価はカバーに表示してあります。

Printed in Japan
ISBN978-4-635-82517-7